家族という名のクスリ

金 美齢

Kin Birei

PHP

序に代えて

「自由な生活」は〝夏のきりぎりす〟と紙一重

戦後も七十年が過ぎた。この間《かん》、日本は価値観の多様化が称揚《しょうよう》され、個人の自由が最大限尊重される社会が望ましいと、それを目標に人間と社会の在り方を変えようとしてきた。

その流れのなかで、親子や家族の絆《きずな》を戦前の「イエ制度」に縛《しば》られた負の要素として退《しりぞ》け、「個人の自由」「個人の権利」尊重の名のもとに、人間社会を砂粒のように解体する方向の言説が勢いを得て、多くの国民、とくに女性のあいだに浸透してしまった感がある。

この十数年における社会現象やベストセラー書のキーワードを見ても、「おひとりさま」の他に「晩婚・未婚・非婚」「パラサイト・シングル」「負け犬」などがある。

結婚しない、家庭に束縛《そくばく》されない、自由な生活を志向する独身女性が増え、結婚して家庭を持つことは、もはや面倒くさいことと考えられるようにさえなっている。

しかし、この自由な生活は、イソップ童話の〝夏のきりぎりす〟と紙一重なのだという自覚が彼女たちにあるだろうか。結婚すること、子供を産むこと、家庭をつくることは、「個人」としての「自己実現」を阻《はば》む人生の重荷でしかないのか。

「一家団欒」は「人の心の自由を失わせる」？

昨年発行され、五〇万部を超えるベストセラーになった『家族という病』（幻冬舎新書）という本がある。

家族を「病《やまい》」とは……？

著者は、早稲田大学を卒業後にＮＨＫ（日本放送協会）に入局、アナウンサーとして活躍後、フリーとなって民放キャスターを経て文筆活動に入った下重暁子さんだ。財団法人ＪＫＡ（旧・日本自転車振興会）の初代会長を務めたことでも知られる、社会的に大いに活躍した女性の一人である。

その下重さんが「家族ほど、しんどいものはない」と言う。同書の裏表紙には、こう記されている。

〈日本人の多くが「一家団欒《だんらん》」という言葉にあこがれ、そうあらねばならないという呪縛にとらわれている。しかし、そもそも「家族」とは、それほどすばらしいものなのか。実際には、家族がらみの事件やトラブルを挙げればキリがない。それなのになぜ、日本で「家族」は美化されるのか。〉

「呪縛《じゆばく》」という言葉の意味は、「まじないをかけて動けないようにすること。転じて、心理的に人の心の自由を失わせること」（『広辞苑』）である。下重さんは、「一家団欒」は「人の心の自由を失わせる」ものだと考えているのだろうか。

たしかに「家族」というものは、ある面で個人を束縛する。戦後の日本が「イエ制度」を解体して核家族化を進めてきた背景には、敗戦による価値観の転換、封建的な家父長制からいかに個人を解放するかという〝進歩史観〟の称揚がある。

しかし、家族という共同体を否定すれば個人として解放されるというのは観念論でしかない。そもそも「個人の尊重」のために家族を否定する必要はない。

実のところ、下重さんの本は「家族という病」に苦しんできた彼女の個人的な告白でしかない。それが一般の人々の価値観を矯《た》め、諭《さと》すように発信されていることに、私は違和感を覚える。

それが五〇万部を超えて読まれるということは、下重さんのように家族に対する反発や不信を抱いている人がそれだけ今の日本にたくさんいて、共感者も多いということなのだろうか――。

家族という名のクスリ　目次

序に代えて

第一章

『家族という病』は、ある臆病な女性の「愚痴」

第二章 「おひとりさま」という病

第三章

「おひとりさま」より「お互いさま」

第四章 そんなに家族を解体したいのか

母娘特別対談

「おひとりさま」はつまらない！一から十一への物語

装　丁　印牧真和
写真撮影　橋本浩美

第一章

『家族という病』は、ある臆病な女性の「愚痴」

◆家族は「演じてみせる」ものではない

『家族という病』の内容に少し触れてみよう。

下重さんは、〈正直に、私にとって家族とは何だったのかを告白することから始めよう。〉と言い、まず両親について、こう語っている。

陸軍の将校だった父親は、幼い頃は一種の憧《あこが》れだったが、敗戦後は落ちた偶像となり、〈二度と戦争や軍隊はごめんだと言いながら、その後日本が力をつけ、右傾化するにつれ、かつて教育された考え方に戻っていくことが、私には許せなかった。父と顔を合わせることを避け、不自由な足をひきずりながら歩いてくる姿を見つけると、横道へ逸れた。（略）

私は父を理解することを拒否したのだ。父と意思の疎通をはかろうとすることをやめ、以後老人性結核で亡くなるまで、仕事の忙しさを理由に入院している父の見

舞いにも行かなかった。〉

という。母親については、

〈私のためなら何でもした。娘のために生きているような人で、あらん限りの愛情を注いでくれることがうとましく、私はある時期から自分について母には語らなくなった。（略）もっと自分自身のために生きてくれたら、私はどんなに楽だったろう。〉

という。下重さんの両親はともに再婚で、彼女は父、母、父の連れ子だった兄との四人家族だった。すでに三人とも世を去っていて〈わかり合う前に別れてしまった。〉というのだが、そこにはわかり合うための下重さんの努力の形跡も、愛惜《あいせき》の情もほとんど感じられない。

下重さんの告白からは、実際に家族としてどのような葛藤があったのかが、具体的にはほとんどわからない。というよりも、下重さんは両親に対しても兄に対しても関わりを避けているので、葛藤は彼女の心の中だけで完結していたように見える。

〈私達は家族を選んで生まれてくることは出来ない。産声をあげた時には、枠は決まっている。その枠の中で家族を演じてみせる。父・母・子供という役割を。家族団欒の名の下に、お互いが、よく知ったふりをし、愛し合っていると思い込む。何でも許せる美しい空間……。そこでは個は埋没し、家族という巨大な生き物と化す。

家族団欒という幻想ではなく、一人ひとりの個人をとり戻すことが、ほんとうの家族を知る近道ではないのか。〉

家族を選んで生まれてくることができないのは、そのとおりだ。私たちは、いつの時代の、どの国の、どんな両親のもとに生まれてくるかを選べない。そもそも親子関係は、ある種の「縁」から始まるものだ。

しかし、家族は「演じてみせる」ものではない。生まれたときから家族としてつながっている。知ったふりをする必要もないし、愛し合っていると思い込む必要もない。

下重さんの家族観は、あくまで観念的である。そのなかで「個は埋没」するものだと勝手に思い込んでいる。

さらに、こんな告白を読ませられると、深く嘆息せざるを得ない。

〈「だんだんお母さんに似てきたわね」

と言われて、どう思うだろう。嬉しいと思うか、困った、と思うか。私は少なくとも後者である。親に似たくはないと思ってこの年までがんばってきた。（略）

女の生き方が大きく変わる過渡期に少女時代を過ごし、母がどうしても捨てられなかったかつての価値観をいともやすやすと打破して、何よりも自分の考えを中心に、したいように生きてきた。何を捨て何を選ぶかその基準は自分にあり、どんな時も自分で選ぶ。そのかわり責任は自分で持つ。（略）

敗戦は日本という国そのものが変わり、違う価値観の下にリセットされるべき大きな節目であった。戦時中への反省や間違いの追及が厳しくされるべきだったのに、日本は基本的に変わらなかった。自衛隊と名を変えても、かつての陸海軍をもとにして、使われている曲まで昔のままのものがあった。

ドイツでは、徹底的に戦争責任は追及され、罪があばかれたが、日本では天皇制は維持され、かつての戦犯も国会議員として復活した。

一時変わったかに見えた父も時代と共に、元の価値観に戻っていき、二重の裏切りに思えた。

その夫と共に生活を続ける母への批判も高じ、「あなたの生き方は間違っている！」と何度母を糾弾したことだろう。

私は戦争に負けたあの日から、自分で生きていこうと考えていた。

母とは違う道を歩んでいくことを選んだのだ。〉

◆読者に一考を促すための反論

ここまで読めば、下重さんの根本的な価値観がいかなるものかが、よくわかる。下重さんは、戦後に称揚された〝進歩主義〟を絶対視しているのだ。かなり歪《いびつ》な事実認識のもとに戦前の日本を完全否定し、それとつながっている両親を許せない存在と見ている。〈ドイツでは、徹底的に戦争責任は追及され、罪があばかれたが、日本では天皇制は維持され、かつての戦犯も国会議員として復活した。〉云々《うんぬん》に至っては、今どきの左翼の社会学者でもここまで単純に言うことはあるまい。

〈違う価値観の下にリセットされなければならなかったのに、そうならなかった両親の生き方を糾弾し、「リセット後の私は違うのだ」という前提から、家族という存在を否定して疑うことがない。だから堂々と、こう言えるのだろう。

〈敗戦という機会を与えられて私は感謝している。それでなければ、どんないやな女になっただろう。世の中の価値観に従い、疑いも持たず、父や母への批判もしなかっただろう。

父や母を反面教師として私は自分自身をつくり上げてきた。

親の生き方と違った生き方をするか、それとも、親にとっていい子のまま仮面をつけ続けるか。〉

私も、あとで詳しく述べるように、両親を反面教師にして生きてきたところはある。しかし、敗戦という機会を与えられなかったら、〈どんないやな女になっただろう〉などとは全然思わない。しかも、この表現には彼女の母親への侮蔑《ぶべつ》が映し出されている。

両親の生き方を否定したあとは、延々と「家族」に対する批判が続く。ここで読者に一考を促すために、いくつか反論しておきたい。下重さんは、こう記している。

〈仲の良い家庭よりも、仲の悪い家庭の方が偽りがない。正直に向き合えば、いやでも親子は対立せざるを得ない。

どちらを選ぶかと聞かれれば、私は見栄でつくろった家族よりも、バラバラで仲の悪い家族を選ぶだろう。〉

下重さんが〈バラバラで仲の悪い家族〉を選ぶのは勝手だが、〈仲の良い家庭よりも、仲の悪い家庭の方が偽りがない〉と、なぜ決めつけるのか。他人同士の関係よりも、なぜ家族関係により強い猜疑心《さいぎしん》を向けるのか。〈見栄でつくろった家族〉というのも、そうだ。いったいこの人は、世の中に存在する家族のすべてに当たってこう結論づけたのか。ここでも、自分の思い込みを一般化してしまっている。

〈面白くないのは、家族のことしか話さない人。（略）

家族のことしか話せない人は、他に興味がない人。社会や環境に目を向ければ、自然と話題は出てくる。（略）

家族の話のどこがつまらないかというと、自慢話か愚痴か不満であり、発展性がない。堂々巡りをして傷のなめ合いが始まるか、一方的に聞かされるか。いずれにしても、あまり愉快なものではない。

この病、どこが困るかといえば、一度かかるとだんだんエスカレートしていく点だ。〉

これも余計な話だ。下重さんがイヤならば付き合わなければいいだけのことだ。お互いの家族の話を楽しみにし、それを喜びとして分かち合ったり、励みにしたりという人間関係のあり得ることを、この人は斟酌《しんしゃく》していない。他人のことに関心がないからだろう。

〈私は、家族写真の年賀状があまり好きではない。善意であることは間違いないし、たくさんいただくので差し障りはあるのだが。

幸せの押し売りのように思えるからだ。家族が前面に出てきて、個人が見えない。感じられない。（略）

家族はそんなに誇らしいものだろうか。たまたま機会があって、紹介されるのはそれはそれでいいが、無断で入ってきて欲しくはない。〉

これも、はっきり言って心が狭い。連れ合いも家族も持ったことがない独り身の人、あるいは事故や災害で家族を喪《うしな》った人からすれば、笑顔の家族写真を見せられたら愉快ならざる思いを抱くかもしれない。しかし、逆にそれを見て喜びを感じる人もいる。

◆たかが年賀状、されど年賀状

私も告白しよう。

私の娘は結婚して家庭をつくってから毎年、家族全員（夫婦と娘二人）が写った年賀状を出している。私が校長を務めていた日本語学校を長く事務長として支えてくれた友人のYさんは、わが娘からの年賀状を保存して一冊のアルバムに綴《と》じている。

Yさんとは娘が小さい頃からの付き合いなので、娘が結婚し、家庭を持って生き生き過ごしている様子を、年賀状を見る度にわが事のように喜んでくれている。Yさんは七十代半ばだが、ずっと独身である。その彼女に娘は「幸せの押し売り」をしていることになるのだろうか。「幸せの押し売り」とYさんが感じたとすれば、毎年の年賀状をアルバムに綴じたりはしないだろう。

たしかに下重さんの言うように、血のつながりがなくとも「家族」同然の関係はあり得る。私たちとYさんの関係がそうだ。彼女は愛情溢《あふ》れる人で、私の日本語学校の運営を手伝ってくれる一方、家庭内の手助けもしてくれた。

たとえば、こんなことがあった。息子が小学一年生のとき、校門の上に乗っていて指を挟んで怪我をしたのを担任の先生が病院に連れて行ってくれ、連絡を受けた私が迎えに行った。そのとき病院の受付の女性に、「あなた、お母さんじゃないでしょう」と言われたものだ。

なぜか。受付の女性は娘と息子が幼稚園時代に通園バスの送り迎えをしていた女性の顔を覚えていて、それがYさんだったから、てっきりYさんが母親だと思っていたのである。私が母親だと言っても信用されなかったほど、Yさんは娘と息子を可愛がってくれていたというわけだ。

「たかが年賀状」と思えば、下重さんも腹は立たないだろう。「されど年賀状」と思えば、Yさんと娘の交流の意味を私は貴重なものと考える。「袖《そで》振り合うも多生《たしょう》の縁《えん》」という。そんな出逢いによって年賀状のやりとりをするようになった家族が幸せそうに写っている写真を見たら、私は素直に喜べる人間でありたいと思う。

これは特別なことではない。普通の情だ。関心がないのならば、放っておけば済むことだし、わざわざ「幸せの押し売り」と言う必要もない。それとも自分にそういう意味での幸せがないから、見るのがイヤだという心理が働いてしまい、下重さんは読者に対して同意を求めたのだろうか。自分の家族のことならいざ知らず、よその家族の幸福を「偽り」とか「見せかけ」と決めつけるのは、やはり健全とは言えないだろう。

◆「外に向かって開かれた家族」って？

下重さんは夫婦関係についても、普通に結婚（入籍）して家庭を営む人たちを見下《みくだ》している。
現在、下重さんには一緒に暮らしているパートナーがいるようだが、
〈パートナーは結婚した相手でなくともいい。暮らしを共にしている人、特別の間

柄の人、異性とは限らない。同性同士でもいい。（略）籍などという枠にとらわれず、「パートナー」という言い方は自由でいい。〉

と言う。いわゆる「事実婚」なのだ。

〈私はもともと籍など入れるつもりはなかった。だが実際暮らしていく上で、日本では様々な制約がある。夫婦別姓は当然だと思えるのに、その都度使い分けなければならぬ不便さ。（略）

パートナーでいられれば十分だ。欧米では当たり前のことになっていて、戸籍上の妻の他にパートナーがいる例がいくらでもある。（略）

フランス歴代の大統領、ミッテランも先代のサルコジも今のオランドも、みなパートナーがいる。公の場でも堂々としていて気持ちがいい。

家族という閉ざされた関係ではなく、外に向かって開かれた家族でありたい。〉

ここで彼女が語っていることは、実は、〝自分がいかに特別な存在か〟ということだ。そして話を、かなり大雑把に括《くく》っている。

「戸籍上の妻の他にパートナーがいる例が欧米ではいくらでもある」と言うが、そんなことはない。そういう存在のあることは私も知っているが、それが社会的に歓迎され、喝采《かっさい》を浴びているわけではない。事実、ミッテランも批判された。それを彼が突っぱねたというだけだ。

そもそも、戸籍上の妻の他にパートナーがいることに何の咎《とが》めもない社会とは何であろうか。それが日本より優れた社会などとは、けっして言えまい。しかも、下重さんが有言実行の人であるなら、下重さんの「パートナー」が下重さん以外の女性と付き合っても、あるいは結婚しても、それを認めるということになる。それが「外に向かって開かれた家族」ということなのだろうか。

人間には寄《よ》る辺《べ》が必要だが、それは「あっちにも、こっちにも」というわけにはいかない。それは安定をもたらさず、却《かえ》って混乱と不安定に陥るだけだ。

◆私も「仕事か育児か」の選択を迫られた

〈女性が子供を持とうとしたら、仕事か育児かの選択を一度は迫られる。私の場合でも、もし両立させられるものなら、今とは違った選択もあったかもしれないが、私は迷わず仕事を選んだ。仕事が出来て、自己表現の手段として一生それを持ち続けたいと願って仕事を選んだ人も、私のまわりには数多い。

万全の態勢があったなら、考えも違ったかもしれない。仕事の出来る女性ほど子供を持たない選択をせざるを得なかったのだ。〉

仕事か育児かの選択を迫られたことは、たしかに私の人生にもあった。

同じ台湾からの留学生として出逢った周英明と結婚生活を送りながら早稲田大学に学んでいて、ちょうど修士論文に着手しようとしたとき、つわりが始まって、私は自分が妊娠していることを知った。たまたま同時に、助手にならないかという話があった。そのとき出産ではなく仕事を選択していたら、私の人生はいまとは違ったものになっていただろう。

しかし私は、授かった子供を産んで育てる道を選んだ。二年続けて妊娠し、出産と育児のために学業はほぼ二年間、中断した。乳飲《ちの》み子《ご》を抱えて、その当時は鬱々《うつうつ》することも多く、勉強できない欲求不満から一週間に一度はヒステリーを起こしていた。東京大学博士課程在学中の夫に、「なぜあなたは学校に行けて、私は行けないの?」と当たっていた。

とはいえ、〈仕事の出来る女性ほど子供を持たない選択をせざるを得なかったのだ。〉という下重さんには、とても共感できない。私がそうだと言うのではないが、仕事ができて、かつ子供を産み育てている女性は世の中に大勢いる。私も当時は担当の教授に「この時期に妊娠、出産とは……バカだねえ」と呆《あき》れ顔をされたが、人生には自分ではどうにもならないタイミングがあるのだと思った。

助手から講師への道として目の前にあったのは言語学の研究だった。育児をすることで、その機会をふいにしたと当時は思ったが、もし飛びついていたら、きっと三流の言語学者にしかなれなかっただろう。

◆一般の女性の苦悩がわからなかったボーヴォワール

乳飲み子を抱えての学生生活は、たしかに大変だった。

その頃、慶應義塾大学の招きでボーヴォワールが来日し、講演をした。私は聴講に行けなかったが、後日、『婦人公論』で講演録を読んだ。

ボーヴォワールは『招かれた女』や『第二の性』などの著作で知識人としてすでに権威者で、知的な女性の求める最高のライフスタイルを貫いているように見えた。サルトルの事実上の妻でありながら同居せず、好きなときに一緒にいるだけで、所帯を持つ苦労や、子供を産み育てるという経験もない。知的な男女が持ち得る最高のライフスタイルを送っていた。男女がともに自由を謳歌《おうか》するとはこういう姿なのだという感じで、私の友人のなかには「サルトルとボーヴォワールと同じように生きる」と宣言する者もいた。それくらい憧れの存在だったのだ。下重さんも、同じように眺めていたかもしれない。

しかしボーヴォワールの講演録を読んだときに、いくら知的であっても人間としては限界があること、自由な生活を選んだ結果として、彼女には大多数の女性が味わっている苦悩が全然わかっていないということ――に私は気づいた。

一般の女性のように所帯を持って、その細々《こまごま》した大変さと雑用の煩《わずら》わしさ、子供を産み育てる大変さ、それらがまったくない彼女の人生の経験、蓄積からは、普通の人間の日常を踏まえた本当の意味での女性の代弁者にはなれないと思った。講演録からは、一般の女性に対するシンパシーがまったく感じられなかったのだ。

実際にボーヴォワールは、あるインタビューで「子供を持たなかったことを後悔していないか」と問われ、「私の知っている親子関係、ことに母娘《ははこ》関係ときたら、それはそれは凄《すさ》まじい。私はその逆で、そんな関係を持たずに済んで、本当にありがたい」と答えている。

私は、ボーヴォワールが「そんな関係（親子関係）を持たずに済んで、本当にありがたい」と言った「出産」「育児」で大変な思いをしてヒステリーも起こしているが、私は子供に与え、苦労をしているだけではなく、産むことと育てることを通じて得るものもあったのだと自分を慰《なぐさ》め、説得した。それでも日常は相変わらずヒステリーを起こし、子供は厄介《やっかい》で嫌いという思いに変わりはなかったけれども、あのとき目覚めたのはたしかだった。

◆「産んだ側」の声はほとんど拾われない

私がボーヴォワールに見たのは観念の限界で、「自分は子供の犠牲になっている、与える一方だ」と思っていたのが、「いや、違う。自分はこれで成長するところがあるのだ」と気づかされたのは、人生の真の豊かさとは何かに思い至った瞬間だったように思う。哲学者の長谷川三千子さんと対談した折、彼女も「私の乏しい忍耐力が、子育てで、かなり鍛えられました」と語ったことが印象深い。子育てとは、この世の中には自分の思うとおりにならないことがたくさんあるということを学ぶ、いい機会でもあるのだ。

いまから十数年前、『ビートたけしのTVタックル』（テレビ朝日系）という番組で、女性学研究家として人気絶頂だった田嶋陽子さんと少子化問題で激論したことがある。いまもそうだが、「産まない側」の考えは大きくクローズアップされるのに、「産んだ側」の声はほとんど拾われない。それがおかしいと思っていた私は、「産んだ側」として、その意義についてこう話した。

「多くの女性が結婚して子供を産み育てているなかで、やはり同じような経験をしないと、本当の意味で大多数の女性の代弁者にはなれないのではないか」

こうした人生を歩む者の意見を代表して表明しなければと思ったからだが、田嶋さんは「イマジネーションがあるだろう。殺人を経験しなければ殺人について語ってはいけないのか」と難詰してきた。そこで私は「文学を専攻したから、平均的な人よりはイマジネーションがあると自負しているけれど、同時にイマジネーションの限界も承知しているつもりだ」と切り返した。

すると田嶋さんは、「仕事を持つ女性が子供をもうけ、育てることの大変さがわかるのか」と喚《わめ》きはじめた。私は思わず、「あなたの百倍知っている」と答えた。

このとき念頭にあったのは、ボーヴォワールのことだった。しかし、テレビの世界で少数派だったのは私のほうで、私はその後、番組を降板させられた。どちらの言論のほうが幅を利《き》かせているかは、いまも変わらない。

正直に言えば、私も子供が欲しくて妊娠したのでなかった。しかし、授かった命に対して拒否するというのは人間として罪だと思った。

連れ合いは子供が大好きなので、「私は子供はいらないから、諦めて」と私が言ったらフェアではない。自己主張はする。しかし同時に、お互いを認め合う。この関係を現実につくっていくことが大切なのではないか。

◆「何様ですか?」と言いたくなる見当違いの批判

下重さんの、この物言いにも共感できない。

〈国は女性の生き方について口をはさむ前に、社会環境を整えるだけで十分だ。女性は自分の生き方は自分で考える。今の女性は賢明だし、男よりも真剣に自分の生き方を考えている。

女の選択にまかせるべきだ。

女性は子供を産む機械という発言をした男の国会議員がいたが、女性も自分を表現することで自由な生き方をする権利を持っている。

子供の数が減っている現実を前にして、女は子供を産むべきという悪しき考え方が戻ってこないように監視する必要がある。

子供が欲しくても出来ない人がいる。最新医療に頼り、治療をして授かった例もあるが、欲しいと思いながら出来ない人にとっては、「子供を増やす」という国の施策はどんなに過酷なことか。〉

〈今の女性は賢明だし〉というのは、自分より前の世代の人間を一段低く見ている表れである。母親に対する批判にもそれが露骨に出ていたが、私は敢《あ》えて「何様ですか？」と言いたくなってしまう。また、ここでも見当違いな批判がなされている。

「女性は子供を産む機械」という発言を批判するのはよい。私もこんな無神経な物言いをする政治家を庇《かば》う気はない。しかし、子供が欲しくてもできない人に、国は「それでも産んでくれ」などとは言っていないし、強制もしていない。にもかかわらず、〈過酷なこと〉と言うのは問題の拡大解釈で、フェアとは言えない。

下重さんの考えのなかでは、私たちの日本が続いていくために若くて健康な男女はなるべく結婚し、子供を生み育て、家庭を築いて次代に命をつないでいってほしいと願い、それを言葉にするのは、まるで罪であるかのようだ。

長谷川三千子さんが平成二十六（二〇一四）年一月六日付の『産経新聞』に「年頭にあたり『あたり前』を以《もつ》て人口減を制す」という論文を発表して批判を浴びたことを思い出す。長谷川さんは、「『男女共同参画』が却って逆効果になって少子化を進めている」と書いた。その指摘のどこが問題なのか。

私は、長谷川さんの提起した議論はきわめて的を射たものだと思って読んだ。読者に、その骨子をご紹介しておこう。長谷川さんはまず現状について、〈日本の人口は昨年の10月1日で1億2730万人となりました。すでに8年前から減少に転じて、

今のところ毎年20万人ほど減り続けています。〉と指摘し、

〈毎年20万人減れば百年後には1億そこそこの人口になってちょうどよいのではないか――そう考える方もあるでしょう。しかし、そういう単純計算にならないというところが人口減少問題の怖さなのです。

今の日本の人口減少は飢餓や疫病の流行などでもたらされたものではありません。出生率の低下により、生まれてくる子供の数が減ることによって生じている現象です。子供の数が減れば、出産可能な若い女性の数も減ってゆく。ちょうどネズミ算の逆で、出生率の低下による減少は、ひとたび始まると急カーブを描いて進んでゆくのです。学者たちの計算によると、百年後の日本の人口は現在の3分の1の4000万人になるといいます。そして西暦2900年には千人となり、3000年にはゼロになるというのです。〉

と、今そこにある危機から未来に日本が消滅しかねないことを述べた。

〈もし現在の日本の1・41という出生率がこのまま続いてゆくならば、これは確実に到来する未来〉で、〈それを食い止められるチャンスは、年が経（た）つほど減ってゆく。半世紀後には、出産を担う年齢層（25歳から39歳）の女性の数が現在の半分以下になります。そうなると、出生率が倍になっても、生まれてくる子供の数はようやく今と同じ、ということになる。そうなってからでは遅いのです。〉と。

人口減少による社会制度の崩壊の可能性を考えれば、「個人の自由」などと言っても、それを支える基盤が損《そこ》なわれてしまえば、ただのお題目になってしまうのである。下重さんが「過酷なこと」などと見当違いの批判ができるのも、辛うじてまだ支えるだけの力があるからなのだ。

◆なぜ「当たり前」のことを言ってはいけないのか

長谷川さんは、こう続ける。

〈世界全体としては今もなお人口過剰が問題となっています。しかし、だからといって、日本の人口減少問題の深刻さが減るものではない。人間は品物ではないからです。単純に、人口不足の国が人口過剰の国から人間を調達するなどということはできません。またもし仮にできたとしても、人口の3分の2を海外から調達している日本を、はたして日本と呼べるでしょうか？　わが国の人口減少問題は、わが国が自国内で解決するほかないのです。（略）

この問題をどう解決したらよいのか？　実は、解決法そのものはいたって単純、簡単です。日本の若い男女の大多数がしかるべき年齢のうちに結婚し、2、3人の子供を生み育てるようになれば、それで解決です。

実際、昭和50年頃まではそれが普通だったのです。もちろん一人ひとりにとってそれが簡単なことだったというわけではありません。いつの時代でも子育てが鼻歌まじりの気楽な仕事だったためしはないのです。しかし当時は、私も近所のお母さんたちもフーフー言いながら2、3人生み育てていた。それがあたり前だったのです。

もしこのあたり前が、もう一度あたり前になれば、人口減少問題はたちまち解決するはずです。ところが、政府も行政もそれを大々的に国民に呼びかけようとは少しもしていない。そんなことをすると、たちまち「政府や行政が個人の生き方に干渉するのはけしからん」という声がわき起こってくるからです。〉

下重さんは、国が過酷だというけれども、長谷川さんは、こう述べる。

〈以前のあたり前を突き崩し、個人の生き方を変えさせたのは、まさに政府、行政にほかならないからです。

たとえば平成11年施行の「男女共同参画社会基本法」の第4条を見てみますと、そこでは「性別による固定的な役割分担」を反映した「社会における制度又は慣行」の影響をできるだけ退けるように、とうたわれています。どういうことなのか具体的に言えば、女性の一番大切な仕事は子供を生み育てることなのだから、外に出てバリバリ働くよりもそちらを優先しよう。そして男性はちゃんと収入を得て妻子をやしなわねばならぬ――そういう常識を退けるべし、ということなのです。

実はこうした「性別役割分担」は、哺乳動物の一員である人間にとって、きわめて自然なものなのです。妊娠、出産、育児は圧倒的に女性の方に負担がかかりますから、生活の糧をかせぐ仕事は男性が主役となるのが合理的です。ことに人間の女性は出産可能期間が限られていますから、その時期の女性を家庭外の仕事にかり出してしまうと、出生率は激減するのが当然です。そして、昭和47年のいわゆる「男女雇用機会均等法」以来、政府、行政は一貫してその方向へと「個人の生き方」に干渉してきたのです。政府も行政も今こそ、その誤りを反省して方向を転ずべきでしょう。それなしには日本は確実にほろぶのです。〉

私は自分の経験からも長谷川さんの意見に賛成なのだが、メディアをはじめ政治の世界でも、これを批判する人たちのほうが多いのが現状だ。なぜ「当たり前」のことを言ってはいけないのか。

◆取り消す必要はなかった「義務を果たした」発言

もちろん、私は女性が働きに出ていいと考えている。長谷川さんも私も、働いて、結婚もして、子供を産んで育ててきた。

だから、「女性はみな専業主婦になるべきだ」などと言っているのではない。「性的役割分担は否定すべきではない」と言っているのだ。

当然のことながら、男は妊娠・出産できない。では、子育てにおける母親の役割の代わりが務まるかといえば、それには限界がある。

「世の男性が家事・育児に協力的で、保育施設を充実させれば働く女性も安心して子供を産むことができる」というのが政策的に取り組まれている方向なのだが、果たしてそうだろうか。この議論は本質的なところで倒錯していると思う。

私は、長谷川さんや私の意見の押しつけをするつもりはない。けれども、こうした意見があることを広く知ってほしい。

テレビや出版の世界を眺めてみると、下重さんのような考え方の偏《かたよ》った発信ばかりが目につく。同時に「当たり前」の考えに対しては、その発信の場が狭《せば》められているのが現実ではないかと思う。

かつて麻生太郎氏が首相時代に少子化問題に触れ、二人の子供を育てたことを踏まえて、「義務を果たした」と発言したことがマスコミにバッシングされた。麻生氏は発言を取り消したが、取り消す必要はまったくなかったと私は思う。「政治家がそういう発言をすれば圧力になる」という批判は、あまりにご都合主義だ。「病気や障害のために、それができない人たちが可哀想」という言い分のようだが、それこそ例外によって原則を軽んじる、誤った見方でしかない。「産む・産まないは、女性の自由」という、この方向の議論しか許されないとしたら、それこそ全体主義ではないか。

◆少子化問題が置き去りにされた「セクハラヤジ事件」

長谷川さんの論文が批判を浴びた同じ年、東京都議会で「セクハラヤジ事件」なるものが起きた。平成二十六年六月開催の都議会本会議での「みんなの党」の塩村文夏《あやか》都議の妊娠や出産に関する政策の質問中、「早く結婚したほうがいい」「まず自分で産めよ」などのヤジが飛んだとされる〝事件〟だ。

塩村都議が、ツイッターで「女性として残念なヤジが飛びました。政策に対してのヤジは受けますが、悩んでる女性に対して言っていいとは思えないです」と書き込み、これが約三万人に転載されるなど波紋が広がり、それをメディアが大きく報道したことで、「不妊に悩む人はこれをどう聞いたか。不快であり、品性のかけらもない」といった声が大勢となった。ヤジを飛ばしたのは自民党の鈴木章浩都議と判明し、鈴木都議は当初否定していたのが結局は認めて、「初心に帰って頑張らせていただきたい」と陳謝する情けない顚末《てんまつ》だった。

私は、ヤジを飛ばした鈴木都議を弁護する気はまったくないが、塩村都議をただただ被害者だというふうにメディアが一方的に報道したのは間違っていると考える。かりに鈴木都議が少子化問題を本当に憂《うれ》えているのなら、なぜヤジではなく堂々と議場でそれを取り上げて発言しなかったのか。

この一件により、一般論として、また歴史的に培《つちか》われた常識論として、適齢期の男女に「結婚したほうがいいんじゃない」「少子化だからみんなで頑張って、一人でも多く子供を生んでほしい」などと発言することを「セクハラになるから」と遠慮したり、あるいは封じ込められるようになったりしては、まさに本末転倒ではないか。メディアが咎《とが》めるべきだったのは、鈴木都議の品性のなさであって、少子化問題に関する意見の幅を狭めることではなかったはずだ。

この問題で長谷川三千子さんは私との対談で、

〈もし、塩村議員が本当に少子化対策に取り組まなければいけないと考えて演説していたとしたら、「早く結婚したほうがいいんじゃないか」というヤジは、絶好のチャンスなんですよ。そのときに「そうなんです。じつは私自身、忸怩《じくじ》たる思いがあるんです。結婚したいと思いながら、そのチャンスがない。若い人たちに、何とかそういうチャンスを増やすようなことを、われわれ政治家は積極的にやっていかなければいけません」とか、いくらでも言いようがある。〉（『この世の欺瞞《ぎまん》』PHP

研究所）

と語り、私は事件のあとに出演した『新報道2001』（フジテレビ系）でまさにそのことを語っていたので、二人して大いに頷《うなず》いたものだ。

しかし、塩村都議が議員になる前のタレント活動時代のスキャンダルが週刊誌などで報じられると、彼女を一方的に被害者扱いして報じたマスメディアは途端に騒がなくなった。結局、いい加減な報道の垂れ流しのなかで本当に議論しなければいけなかった少子化問題が置き去りにされたことは、国民にとっても小さくない損失だったと思う。

◆石原裕次郎さんを利用して「血のつながり」の価値を否定

下重さんの『家族という病』から離れたが、いまの日本では女性の生き方に関わる問題、結婚や出産、子育て等々の議論がいかに歪なかたちでしかできないか、言論空間の窮屈さを感じないわけにはいかない。そしてその窮屈さは、「結婚してほしい」「子供を産んでほしい」という意見を持つ側に多く負わされているのが実情だ。

家族の在り方に関しても、それをどのようにも選びとれる議論がまことしやかに語られている。ひと頃、一部の高校家庭科の教科書に「ある人にとってはペットが家族の一員で、おじいちゃん、おばあちゃんはそうではないかもしれない」というような記述があった。家族を自己の都合で代替可能な、あるいは個人の自由意思で取捨選択できる存在と見なしてかまわないという考え方に、私は賛成できない。

下重さんは、故・石原裕次郎さんの夫人の北原三枝さんの「石原家には子供がいないので、裕次郎さんは家族ぐるみの付き合いのある家の子供を本当に可愛がった」という話を聞いて、裕次郎さんが〈心から打ち解けることの出来た数少ない一軒が京都の割烹旅館「川太郎」、（略）もう一軒が福井のあわら温泉の老舗旅館「べにや」である。病気になってからも療養をかねた隠れ家であり、一家とは信頼で結ばれていた。〉と書き、こう続ける。

〈裕次郎さんは、「川太郎」という家族と、「べにや」という家族を持っていた。血のつながりはなくとも、心がしっかりと結ばれた家族を持っていたから、裕次郎さんは心の安定を保つことが出来たのだろう。

石原軍団のつながりは今も強い。（略）

裕次郎さんの欲していたものは何なのか。自分を理解し、俳優石原裕次郎でなく、ありのままの自分を安心してさらけ出すことの出来る場所だったのだろう。

その安心とは何なのだろう。何も言わないでもわかる、自分の味方になってくれる人人がいる場所。自分が自分でいられる場所。それは人間同士の理解と信頼の上にしか成り立たない。

根底には、愛情がある。黙って自分を愛してくれる者が存在しない家族は、家族とは呼べない。〉

そして、〈なぜ日本人は血のつながりにこだわるのか。（略）もっとおおらかに考えて、こだわりを捨てられないのだろうか。〉と問いかけるのだが、「ちょっと待って！」

と言いたくなる。ここには裕次郎さんと兄・慎太郎さんとの関係がまったく触れられていない。慎太郎さんの『弟』（幻冬舎）を読めば、いかにこの血のつながった兄弟が強い絆で結ばれていたかがわかる。裕次郎さん自身、兄の選挙応援で「俺たちは兄弟二人きりのタッグでやってきた」と訴えたという。

慎太郎さんとの関係に触れず、裕次郎さんには「川太郎」と「べにや」が〈ありのままの自分を安心してさらけ出すことの出来る場所だった〉とことさら書くのは、二つの旅館の存在を北原三枝さんが挙げたとしても、あまりに意図的ではないか。

病《や》んで死の床で苦しんだ裕次郎さんは、兄に見守られて逝《い》ったのである。石原軍団のつながりよりも、石原家のつながり、石原兄弟のつながりのほうがずっと強かったのだと私は察する。

◆家族を疎んじる自分を正当化し、自己救済するための本

たしかに、血のつながりに関係なく、家族同然の付き合いはあり得る。それを私は

否定しない。先に述べた、私たち家族におけるYさんのような存在だ。しかし下重さんはなぜ、血のつながりのある家族や肉親を「黙って自分を愛してくれる者」の中から執拗《しつよう》に排除しようとするのだろう。

『家族という病』を最後まで読んで、私はその答えがわかった。下重さんは誠に率直に、こう締め括っているのだ。

〈なぜ私は、家族を自分から拒絶しようとしたのか。家族というよけては通れぬものの中にある哀しみに気付いてしまったからに違いありません。身を寄せ合ってお互いを保護し、甘やかな感情に浸ることでなぐさめを見出すことのごまかしを、見て見ぬふりが出来なかったからです。

子供を産んで、母とそっくりに愛情に引きずりまわされる自分を見たくなかったのでしょう。（略）

連綿として続いていく自然界のつながり、春になると冬枯れの地の中から続々と芽吹いてくるもの、冬の間も待っている多くの命があるのです。その果てしなく続く連鎖が気味悪くも思え、私は私でいたかったに違いありません。

しかし私一人が抵抗出来るわけもなく、大きな流れに押し流されざるを得ないと考えると、一本のわらにもすがっていたい……。

つれあいという家族がいなくなったら……私はその時のために、一人でいることに馴れようと準備を始めています。私がこの世に生を得て、長い長い暗い道を一人歩いてきた時のように、最後は一人なのだと自分に言いきかせているのです。〉

家族を拒否した下重さんにとっては、家族は「病」でなければならなかった。〈甘やかな感情に浸ることでなぐさめを見出すことのごまかし〉が家族の正体でなければ、それを拒否する自分を正当化できない。

そして、〈果てしなく続く連鎖が気味悪くも思え、私は私でいたかったに違いありません。〉という告白に、下重さんが何を忌避《きひ》しようとしつづけたのかが、はっきり表れている。それは「命の連鎖」であり、命を紡《つむ》いでいく家族、家庭という共同体のなかで、自分がそれを担うことなのだ。命を己《おのれ》一個のものと考え、時間と命の縦軸の流れを考えない。過去から未来に流れる時間のなかで、いま生きている自分の役割は何かということから、彼女は完全に自由でいたかったのだろう。

その意味で彼女は、一つの砂粒でいたかった。自分が多くの水滴が集まった「命のプール」の、その一滴であることは想像もしたくなかったのだろう。

だが、人は独りでは生きられない。誰かとのつながりのなかで生きている。そのとき下重さんは、取捨が可能な「他人」のほうを選び、取捨が難しい「家族」を疎《うと》んじる人生を歩んだ自分を正当化し、「間違っていなかった」と自己救済するために、この本を書いた——と、私には思える。もっと砕《くだ》けた表現を用いれば、ある臆病な女性が「愚痴《ぐち》」を連ねた一冊だ。

これが私家版なら、私は何も言わない。

誰だって、家族とは何がしかの摩擦や軋轢《あつれき》を抱えている。文句を言いたいことだってある。それを綴《つづ》るのは自由だ。しかし、あたかも社会問題への提言のようなスタイルをとって、家族を「病」と決めつけ、自分の考え方を一般化、普遍化することには「ノー」と言わざるを得ない。

第二章

「おひとりさま」という病

◆得られたポストや仕事は「自分の努力」のおかげだけ？

今の日本には言論・表現の自由が認められている。他者に害を及ぼさないかぎり、個人がどのような思想を持とうと自由だ。しかし、他者に働きかける対外的な発信には責任が伴《ともな》う。公職に就いていたり、社会的な影響力を持っていたりすれば、その責任は小さくない。『家族という病』をその観点から見れば、「ちょっと、いい加減にしてほしい」と言わざるを得ない。「ノブレス・オブリージュ」という言葉がある。「高い地位に伴う道徳的・精神的義務」という意味のフランス語だ。下重さんのキャリアを考えれば、私はこの意識を持って、発言、発信してほしいと思うのだ。

繰り返すが、『家族という病』が私家版であれば、私は問題にしない。個人の愚痴として自分の家族を「病」と言うのは自由だ。しかし私が見逃せないのは、社会問題を提起するようなスタイルをとっていながら、中身は下重さんの偏りすぎた経験に基づく、はっきり言ってしまえば、愚痴や自慢の入り混じった分析とも言えぬ視点から、他者の家族の在り方を平気で否定していることだ。

自己正当化、自己救済のために他の家族を俎上《そじょう》に載せて切り刻んでいるように見える。このような発信では、安心できる家族像の模索などできるはずもない。

下重さんは、「自分で選択」して「自分の力」で人生を歩んできたことを強調する。たしかに努力したのだと思う。しかし、結果的に得られたポストや仕事に対しては社会的な恩恵もあったはずだ。自意識のなかではすべて自分に帰するようなことでも、自分の知らないどこかで、誰かが援《たす》けてくれていたのではないかという、その畏《おそ》れが見当たらない。代わりにあるのが、自分以外の周りに対する敵意や嫌悪だ。だから、その感覚からの発言、発信には他者を激励する明るさ、前向きさがない。

下重さんほどのキャリアになれば、その言動には本人の意思に関係なく公的意味合いが伴ってくる。そうした意識が希薄なことが、私には残念でならない。「恩返しする」という感覚はないのだろうか。それは少しでも前向きな意見を提示することで、平凡かもしれないし、つまらないものかもしれない。しかし自分の周りに対する感謝の念があれば、そうした方向性の発信があってしかるべきだと私は思う。

いまの日本で評論家やジャーナリストを名乗って公《おおやけ》の場で発言している人の多くの特徴は、建設的で前向きな議論よりも、何事につけ不満や文句、苦情といった「批判」が先立っていることだ。もちろん、そうした視点は必要なのだが、物事は何であれコインの両面から見る必要があるはずだ。メリットもあればデメリットもある。その両方の意見が交わされる機会と場があるかといえば、それは少ない。先に触れた都議会での「セクハラヤジ事件」も、その一例だ。

既存の価値観に対して批判をするなと言いたいのではない。ただ、いま生きている私たちの役割は何かと考えると、それは「過去・現在・未来」をつなぐことであって、断ち切ることではない。日本人の命を未来につないでいく。それを考えようとするとき、「家族は病である」という物言いは大手を振れるのに、「家族を持つ幸せについて語ることは、個人の自由を阻害する」という方向性で議論の場が固められてはいないか。

下重さんのような考え方はさして批判に晒《さら》されることなく、長谷川三千子さんが訴えた少子化対策は強い批判を浴びる。私は、このような言論空間はおかしいと思う。

◆「個人の自由」のみを優先させた社会の末路

国家や社会は、それが自由と民主主義を掲げる存在であっても、その存在自体が脅《おびや》かされそうになれば国民に我慢や一層の貢献を求めるもので、それは当たり前のことだ。戦後の日本では、戦前の「滅私奉公《めっしほうこう》」の反動なのか、とにかく「個人の自由」ばかりが謳《うた》われるが、それを守るためにも個人は国民としての、また共同体の成員としての義務を果たす必要がある。これは人間が独りきりではなく、集団を営んで生きるようになってからの〝黙契《もっけい》〟のはずだが、いまの日本は揺らいでいる。

人は独りでは生きられない。この当たり前のことを踏まえれば、「お互いを支えるために必要なことは守っていこう」となる。それが家族であり、一定規模の人口である。その人口が減りつづけている状況を、「個人の自由」のみを優先させて放置すればどうなるか。個人の自由だけを尊重する社会は、やがて崩壊するのである。ならば、それを押しとどめるために「人口増（回復）」を求めるのは、当たり前ではないか。

そのための政策論議のなかで、「若くて健康な男女はなるべく結婚して子供を生んでほしい」と期待することは「国家の過酷さ」を表すものなのか。

平成二十七（二〇一五）年九月、歌手で俳優の福山雅治さんと女優の吹石一恵さんの結婚について、菅義偉《すがよしひで》官房長官がフジテレビの番組で「この結婚を機に、ママさんたちが一緒に子供を産みたいというかたちで国家に貢献してくれればいいなと思っている」と語った。その後の記者会見で、「結婚は出産が前提だと取られかねない」と指摘され、菅長官は「結婚や出産が個人の自由であることは当然だ。子供を産みやすく、育てやすい社会をつくるのが政府の役割だ」と述べ、さらに「国民から大変人気の高いカップルで、世の中が明るくなり、幸せな気分になってくれればいいなと思ったなかでの発言だ」と釈明し、政権として女性活躍推進に取り組む姿勢を強調した。

「国家に貢献」という言葉づかいは堅苦しいと私も思ったが、菅長官の期待は問題視されるようなことなのか。福山さん、吹石さんに命令したわけではない。このような「言葉狩り」に近いような批判が繰り返されることに、私は日本人の権利意識の肥大と、ある種の幼稚さを感じざるを得ない。

さすがに安倍首相は菅長官の発言を問題視しようとする動きを一蹴したが、日本人の命が連綿とつながれていくために何が必要かという「本音」の議論をすべきときに来ている。それは大袈裟《おおげさ》に聞こえるかもしれないが、日本の長い歴史に培われた「日本人としての常識」を取り戻すことだ。

◈「リセット」という言葉には要注意

少子化対策は、やはり若い人の意識を変えることが不可欠になってくる。私の周りでも「子供ができない」と不妊に悩んで、何年も治療を続けている人がいる。その苦労は十分にわかる。しかも誰かに命じられたのではなく、その夫婦が子供を望んでいるのだ。このとき、「子供なんていらない」とか言う若い人、「血のつながりはどうでもいいじゃないか」とか言う年配者には、「血のつながった子供を持つことは大変なこともあるけれど、子供を持つことで得られる幸せはたしかにあるわよ」と、私のような存在が説《と》かなければと思っている。

こういう当たり前のことを「セクハラ」だとか「個人の自由の無視」だとか批判されても、私ははっきり「違う」と言う。個人の自由は大切だけれども、それを優先する人ばかりになったら、結局、自分たちに皺寄《しわよ》せがくると認識すべきなのだ。

結婚もそうだ。結婚するもしないも自由なのだが、それでもこの社会を支えてきたのは、結婚し、入籍をして、親に対しても子に対しても、それぞれの責任を全《まっと》うしてきた人たちなのだ。もちろん、それは個々によって度合いが違うし、十全などということはあり得ない。けれども、それを大多数の人たちが果たしてきたことで今日の社会がある。その社会の在り方を変えようという議論はいつの時代にもあるが、社会の「変革」と「破壊」はまったく違うということはわきまえねばならない。「リセット」という言葉には要注意なのである。

◆独身者が溢れる社会で、誰が「個人の自由」を支えるのか

繰り返すが、「結婚するのも、しないのも自由」「子供をつくるのも、つくらないの

も自由」というような感覚が、何の戸惑いも躊躇《ためら》いもないまま人々の〝常識〟になってしまったら、長谷川三千子さんが指摘するように、日本という国はやがて消滅してしまうだろう。その過程に私たちは踏み込んでしまっているのに、それでもいいのだろうか。

これは他でも取り上げたことがあるが、国立社会保障・人口問題研究所が五十歳まで未婚の人を「生涯未婚率」として予測した結果がある。それによると昭和二十五（一九五〇）年生まれで生涯独身である人の割合は約五％。昭和五十五（一九八〇）年生まれだと約二三％。平成二（一九九〇）年生まれだと女性の約四〇％、男性の約二八％が生涯独身。平成十二（二〇〇〇）年生まれとなると、何と女性の約五四％、男性の約四三％が生涯独身という予測になる。男女ともに半数が生涯独身の社会とは、いったいどんな世の中だろう。

これに加えて、日本は超高齢化社会に突入している。二〇二五年には六十五歳以上の高齢者人口は三六〇〇万人を超え、そのうち七十五歳以上の後期高齢者が六〇％を占めるとの予測だ。

少子高齢化社会というのは、独身者が溢れる社会のことだ。人間は誰でも年を取る。子供の数が増えない一方で独身の老人が街に溢れるとなれば、社会構造も変化せざるを得ない。年金や公的扶助の負担がどれほど巨額になるか。結婚し、子供をもうけ、家族を維持するほうが、結果的に独身者よりも大きな負担となる可能性が高い。

家庭を持って次世代の納税者を生み育てながら、「家族は病」だからと「おひとりさま」を続けている人たちの自由をも支えなければならないとしたら、いったいどれほどの国民が、結婚、出産、家族の維持という共同体を守る作業に参加するだろうか。このとき「個人の自由」などと言っていられるのは、おそらく団塊の世代までの〝特権〟にすぎない。

政策としての制度設計は社会の変化に否応なく対応していかなければならないが、それに重ね合わせるように、やはり国民の意識、とくに若い人たちの意識をどう変えていくかが重要になる。このとき、負担を覚悟した若い人たちがその甲斐《かい》があるような制度を考えることが不可欠だが、そのためにも私は敢えて「個人の自由」と「おひとりさま」の問題を指摘せざるを得ない。

◆より多くの自由と権利を望めば、誰かが皺寄せを受ける

下重さんが『家族という病』の中で吐露《とろ》したように、戦後の日本社会は「個人の尊重」の名のもとに社会変革を進め（下重さんは「それが足りない」との立場だが）、家庭、地域といった共同体を軽んじてきた。物質的には「狭いながらも楽しいわが家」から、家族それぞれが個室を持つ時代になり、若者の一人暮らしが当たり前のようになった。二十四時間営業のコンビニエンスストアが至るところにあり、結婚せずとも生活に不自由はなくなった。そして、若いうちに自由を満喫《まんきつ》したいというマインドが、年を取ってからも続いている。恋愛しても社会的な責任を留保する「パートナー」のままでよく、結婚し、子供をもうけ、家庭をつくるという伝統的な人生観は、男女ともにすっかり後退した。しかし、それが個人にとってどのような人生の終末をもたらすかは真剣に考えられているとは言えない。「いま」があるだけだ。

しかし虚心になってみれば、「自分がいま存在しているのは親のおかげ」という当

たり前の感覚に立ち返るはずだ。そして、個人と家族は対立関係に置くものではないことがわかる。特別な事情のある人はともかく、普通の人であれば、ことさら未婚、非婚といった例外に自分の身を置くべきではない。常識的な日々は特段刺激的でもなく、時に平凡さに飽きることもある。しかし、そうした日常こそが大切なのだと気づくときが必ずある。それが「リアルライフ」なのだ。

この社会は、男女が一緒になり、子をなし、家庭をつくる。やがて子が成長して親との代替わりを果たして、また同じことを繰り返してきた。個々の人生は悲喜こもごもだが、総体としてそうした人間の在りよう、共同体を営んで相互に扶助して生きていくことを選んだ社会だけが続いてきたのである。

その最小単位が「家族」であり、得体の知れない〈巨大な生き物〉ではない。親子、夫婦、兄弟姉妹、それぞれに摩擦や軋轢《あつれき》を抱え、衝突しながらも、それでもその絆を良きものとしてきた社会が生き残ってきた。

これは古今東西を問わない。人が独りでは生きられないかぎり、観念のうえで最善でなくとも、現実にはこれしかないと選んできた在りようだ。

「個人の自由」を完全追求すれば、イギリスの政治哲学者トマス・ホッブズが言った「人は人に対して狼」となり、「万人の万人に対する闘争」が始まる。そうならないために、人はある程度の不自由を受け入れ、負担を分かち合うことで共同体の崩壊を防いでいる。難しいことを言うつもりはないが、家族や地域、そして国家というものの役割とはそういうことだ。

誰かが誰かと比べて、より多くの自由、より多くの権利を望めば、その皺寄せを誰かが受ける。「結婚しない自由」「子供を産まない自由」などが完全に認められる社会は、いったいどうなるか。人間の欲求を無制限に解放すれば、何かを負担して支える者はいなくなる。そうならないために人間社会は道徳や倫理、宗教などをもって、そのバランスをとろうとしてきたわけだ。

◆世代を超えた価値の伝達は可能

時代と人間の様相を観察するに稀代《きだい》のコラムニストだった故・山本夏彦氏が、こんなことを語っている。夏彦翁は大正四（一九一五）年生まれ。昭和五十年代初めに書かれたコラムで、今日的価値観からすれば時代錯誤の繰り言《くりごと》と切り捨てられそうだが、読者に是非とも紹介しておきたい。

〈子供たちが大きくなるのは、これまでは楽しみだったが、これからはそうでないと、ある日突然気がついた。子供が成長する分だけ、私たちは年をとる。うかつなことに、今までそれに気がつかなかった。しかも私たちは、孝行を強《し》いてはならないものと教えられ、それを守って来た。新聞雑誌はいっせいにそう書いた。忠孝のうち忠のほうは、戦前とは打って変わって悪いことになった。孝のほうは、よいことではあるけれど、それは親が子に教えてはならぬこと、まして強いてはならぬことになった。親子の仲は骨肉だから、強いなくても子は孝行するにきまっていると、昭和二十年代の諸先生は口をそろえて言ったのである。それを私たちは真に受けた。親が子に尽すのは当りまえ、大学まで出すのは親の義務、卒業しても子の世話になろうとはこれっぽっちも思わぬと、ついこの間まで言いくらしていた。

けれども、子供一人大学を出すには、時間にして十六年、お金にして何千何百万円かかる。女子もむろん四年制の大学へ入学する。二人で締めて何千万円、一年浪人すればいくらかかるか知らない。知りたくもない。〉

（『編集兼発行人』「我らの前なる老年」中公文庫）

つまり親子や家族の絆というものは「骨肉」によって自明に存在するものではなく、教育や価値観の共有によって維持されてきたと夏彦翁は言うのである。「生みの恩より育ての恩」も同じことを言っている。下重さんの言う「血がつながっていなくとも」というのは、この意味では間違っていない。こうした教育や価値観の再生と共有を図ることは、「個人の自由」に逆行することだろうか。

私はバランスの問題だと考える。戦前の「滅私奉公」に従わせるのでもなく、戦後の「個人の自由」至上主義でもなく、個人の自由を守っていくためにも、みなが応分に公《おおやけ》の意識を持って生きていくということだ。

恋愛も、結婚も、出産も個人的なことだが、同時にそれは共同体のなかでは公的な役割の一つに位置づけられるという共通認識を持つ。私は言論や情報に関わる人々は、ここにみなの理解と共感を得られるような発信を心がけるべきだと思う。また少子高齢化問題の解決を考える研究者や医療従事者、政治家、官僚も同じである。

私は、そうした世代を超えた価値の伝達は可能だと思っている。些事《さじ》かもしれないが、私の娘と孫のあいだに、こんなことがあった。あることがきっかけで娘が「ピアスをしたい」と言い出した。実のところ、私は別に賛成も反対もなかったのだが、娘には二人の女の子がいて、下の子が誰に似たのか、母親がピアスをすると聞いて「けがらわしい」と言ったという。今どきの中学生がピアスを「けがらわしい」とは……。

実は、周英明が生前、「身体髪膚《しんたいはつぷ》これを父母に受く。敢えて毀傷《きしよう》せざるは、孝の始め也《なり》」という言葉をよく口にしていたのを下の娘は覚えていたのである。家庭で言われてきたことを無意識に受け継いでいたことに驚いたが、押しつけるのではなく、それが自然に良きこととして伝わる可能性は現代の家庭でもあり得るのだと思う。

周は本当に子供好きだった。子供を愛し、良き人となるように教育することにかけては天性の才能を持っていた。だからこそ伝わったと思うのだが、よくよく考えてみれば、わが家に特有ということでもなく、実際にはまだこの日本にたくさんある家庭での一光景なのだろう。それを大切にする後押しこそが私の役目なのだと思っている。だから、結婚しなくても、家族をつくらなくても、「おひとりさま」で自由に生きればいいのだという考えには「ちょっと待った！」と言わざるを得ない。

◆「おひとりさまの老後」を楽しめるのは団塊世代まで

フェミニズムの旗手として長くマスコミに持て囃《はや》されてきた上野千鶴子さんのベストセラー『おひとりさまの老後』（法研）の内容について、私はこれまで何度か批判してきた。上野さんは同書の「はじめに」で、〈長生きすればするほど、みんな最後はひとりになる。結婚したひとも、結婚しなかったひとも、最後はひとりになる。女のひとは、そう覚悟しておいたほうがよい。〉と言い、〈ひとりになったあなたといっしょに「おひとりさまの老後」を楽しもう、というのが本書のねらいだ。〉と続けた。

たしかに同書は、独りで老後を送るための「スキルとインフラ」が具体的に書かれている一種のノウハウ本で、読むかぎりは、独りで生きても明るい老後が誰にも待っているような気にさせてくれる。だからベストセラーにもなったのだろう。

実際、上野さんはその続編にあたる『おひとりさまの最期』(朝日新聞出版)に、こう書いている。

〈わたしはおひとりさまをすすめたわけではありません。おひとりさまが増えたから わたしの本が売れたので、その逆、わたしの本が売れたからおひとりさまが増えたわけではありません。(略)それどころか、いやもおうもなく増加しているおひとりさまが不安に脅えている現状へ、おひとりさまでもだいじょうぶ、という癒しのメッセージを送ったのがわたしの『おひとりさまの老後』でした。〉

さらに、〈『おひとりさまの老後』は、老女がひとり暮らしをしているだけで「おさみしいでしょう」という声があいさつ代わりにふってくる状況に対して、「大きなお世話」と言いたいがためのものでした。〉と。そして、家族に拘束されずのびのびと独居生活を送っている老人男女もいるのだから、〈ひとり、だからさみしい、という短絡は、そろそろやめにしてもらいたいものです。〉と軒昂《けんこう》である。

しかし……、この二冊の本で上野さんが必要とするインフラは、社会がその負担に耐えられることが前提になる。八木秀次さん（麗澤大学教授）が指摘するように、「家庭を媒介とせずに国が直接、個人の福祉をみるのは今日の財政状況では不可能」ではないのか。

若いときに結婚もせず、子供も産まず、ただ個人としての生活を謳歌するだけの人々が社会の多くを占めるようになったら、上野さんの言う「おひとりさまの老後」を楽しむことができるのは、まさに上野さんと同じ団塊世代までだろう。

彼女は〈わたしはおひとりさまをすすめたわけではありません〉と言うものの、性をめぐるご自身の過去における放埒《ほうらつ》な発言や記述の影響を省《かえり》みたことはないのだろうか。それは東京大学教授という権威をもって発せられ、それに乗せられた人たちが存在したことは否定できないはずだ。もっとも、「それは自己責任」と彼女は言うのだろうが。

◆ことさらに家族の価値を貶《おとし》めるのはなぜか

私は、誰でも結果的に人生の晩年に「ひとり」になることはあり得ると思っている。結婚して家族がいても同じだ。しかし、それは初めから「ひとり」でいることとは違う。初めから家族をつくらないという人たちの自由のために、家族をつくってきた人たちがより大きな負担をするような制度になるようなら、それは公平を欠くというものだ。

もちろん、負担と給付が完全に同等となるような制度は現実には不可能である。けれども、健康に問題がないにもかかわらず、自分の意思で子供をつくらず、自由を謳歌したうえに「おひとりさまの老後」を迎え、「孤独死でなにが悪い」「ひとりで死ぬのはぜんぜんオーライ」と言われたら、負担する側はどんな気持ちになるだろうか。

『おひとりさまの最期』で、上野さんはこう記述している。

〈介護の研究をしていると、家族ってなんだろう……とつくづく考えこむことが多くなります。（略）日本では老後は家族で、ということが自明視されてきた。〉

けれども、

〈その家族が急速に変貌してしまったという事実に目を向けたくないだけでなく、現実の変化に制度や意識が追いついていないのでしょう。「家族に頼まれて」としぶしぶ施設入居を受け容れたお年寄りや、親に介護保険を使わせないで自分の分だけコンビニ弁当を買ってくるパラサイトの息子、反対に認知症の親から目が離せないと仕事をやめて同居を選んだ息子や娘、（略）親は子のために、子は親のためにどこまで自己犠牲しなければならないのだろうか、と思うだけでなく、反対に、親子の愛ってエゴイズムの前にはこんなにもろく壊れてしまうのだなと思うこともしばしばです。（略）

昔はよかった、家族に介護力があったから……というのは、「家族介護神話」という神話に属していることは専門家のあいだの常識になっています。神話とは、根拠のない信念集合のこと。昔は高齢者がいまほど多くないだけでなく、要介護期間が短く、介護水準も低く、そのうえ家族の数が多かったからリスク分散もできました。ですが、介護の関係者が多いとラクになるとも限りません。きょうだいがいるから助けになることも、きょうだいがいるからもめることも。どちらもあります。
在宅ひとり死に関しては、関与するアクターが少ないほどやりやすい、というのは現場の共通した声でした。（略）おひとりさまでよかった……と胸をなでおろす思いを何度もしました。〉
ここにも下重さんと同じように、家族への不信が語られている。「家族さえいれば、すべてうまくいく」などとは誰も思っていない。にもかかわらず、ことさらに家族の価値を貶《おとし》めるのはなぜか。〈家族介護神話〉と上野さんは言い、〈神話とは、根拠のない信念集合のこと〉と定義しているが、現実の世の中には、家族によって支えられ、そのなかで生き、死んでいく者は大勢いる。なぜ家族を否定的に描き出そうとするのか。

〈生きるとは迷惑をかけ合うこと。親子のあいだならとめどなく迷惑をかけてもかまわない、と共依存をする代わりに、ちょっとの迷惑を他人同士、じょうずにかけ合うしくみをつくりたいものです。〉

と上野さんは言うが、〈親子のあいだならとめどなく迷惑をかけてもかまわない〉という親子を、上野さんは実際にどれほどたくさん見てきたというのか。代わりに〈ちょっとの迷惑を他人同士、じょうずにかけ合うしくみ〉をと言うが、これは上野さんの願望であろう。それを否定はしないが、家族と比べてより良き在り方のように言うのは、やっぱり無理がある。

◆最期は誰か「他人さま」のお世話になる

家族の否定を自分のなかで正当化する。そのために〈ちょっとの迷惑〉をかけられる他人が必要なのである。その役目は家族であってもいいはずなのに、家族は面倒な存在として外される。家族であれ他人であれ、人間関係で〝いいとこ取り〟はできない。家族から辛い思いを味わわされることはある。他人からもある。楽しいこともあれば、イヤなこともある。そんなことは当たり前なのに、家族だけについて、悪いところ、辛いところだけを抜き書きする。

そして上野さんの結論も、下重さんのそれと同じところに向かっているように見える。「死の自己決定は可能か?」と問いかけ、上野さんはこう語るのだ。

〈戦前生まれの高齢女性たちが、想定外の長いなが〜い老後を迎えて、身の置きどころもない思いで家族の世話になったり、言われるがままに施設入居したりしている現状を見ると、よぉーし、いまに見てろよ、戦後生まれのわたしたち団塊の世代は、歳取ったからといっておとなしく家族の言うことを聞いたりしないからね、という気分になります。〉

「戦前生まれの高齢女性たち」と「戦後生まれのわたしたち団塊の世代」とを対置しているところなど、下重さんの母親への批判と同じ〝進歩主義〟の立場からの優越意識を感じる。それでも『おひとりさまの最期』の結びでは、『おひとりさまの老後』にあった「孤独死でなにが悪い」「ひとりで死ぬのはぜんぜんオーライ」という威勢の良さが薄れて、上野さんの心境の変化が感じられるのもたしかなのだ。

ある女性医師から聞かされたエピソードとして、上野さんは、長い間翻訳の仕事で身を立ててきたおひとりさまの高齢女性について触れている。その女性には弟子やヘルパーが出入りして寝たきりの在宅生活を支えてきたという。

〈あるとき、帰りぎわに、その女性がぽつりとつぶやいたそうです。
「さみしいわぁ……」〉

そして、その女性は翌日に亡くなった。

〈「上野さん、死んでゆくひとはそのことを知ってるのではないでしょうか。そしてさみしい思いをしているのでは……」

というのが、その女性医師から聞いた話でした。

ドキリ、としました。

自立して生きてきた専門職の女性。おひとりさまで子も孫もいません。明日はわが身じゃないのか、と思わずにはいられません。まだ死んだことがないので死の間際にどんな気分になるか、予想はつきませんが、このわたしも、いつかは「さみしいわぁ」とつぶやいて、この世を去るのでしょうか。〉

「ひとりで死ぬのはぜんぜんオーライ」と言っていたのとはだいぶ違う。さらに、「さみしいわぁ」のひと言や「死んだらどこへ行くのか」を問うて、

〈その呼びかけを発する相手は、医療や介護の専門職なのでしょうか？　わたしなら……過去の経験を共にし、理解と共感を味わったあれこれの友人と、生き死にに

ついて語り合いたい、と思います。何十年も生きてきたのですもの、たとえ家族がいなくても、そういう思いを共有する友人のひとりやふたり、いないのかしら、と思ってしまいます。〉

と言う。そして、

〈生まれることと死ぬことは、自分の意思を超えています。それをもコントロールしたいと思うのは、神をも怖れぬ不遜。ですが、生きているあいだのことは、努力すれば変えられる。与えられた生の最後までを生きぬくこと、そしてわたしだけでなく、家族のあるひとも家族のないひとも含めて、多くのひとたちにとって、安心して過ごせる社会をつくること。

宗教家ではなく社会学者であるわたしのなかにあるのは、あの世を救いにするのではなく、この世のことはこの世で解決したい、というあくまで実践的な意思なのです。〉

と結んでいる。

『おひとりさまの老後』から『おひとりさまの最期』まで八年の歳月が経っている。〈生まれることと死ぬこと〉を〈コントロールしたいと思うのは、神をも怖れぬ不遜〉ということ、〈生きているあいだのことは、努力すれば変えられる〉ということ、いずれも同感する。だが……、決定的なことが上野さんの頭の中にはないようだ。

彼女がどのような「おひとりさまの最期」を考えようとも、この世で解決するための人手は、「他人さま」が産んだ子であるということだ。思いどおりにならなくて、苦労して苦労して育て、その子が大人になって働いて「おひとりさま」を支えている。それに対して当然の権利のように構えるのではなく、もう少し謙虚でいてほしい。

上野さんは『おひとりさまの老後』の「あとがき」に、こう書いている。

〈不安とは、おそれの対象がなにか、よくわからないときに起きる感情だ。ひとつひとつ不安の原因をとりのぞいていけば、あれもこれも、自分で解決できることが

らだとわかる。もしできなければ、最後の女の武器がある。「お願い、助けて」と言えばよい。〉

しかし上野さんは長いあいだ、「お願い、助けて」と言って助けてもらえる社会の仕組みを壊す側にいたのではなかったか。そうではないとは言えまい。

あなたの選択は尊重する。そういう生き方があってもよい。自由である。けれども最期は誰か「他人さま」にお世話になるのだということを忘れないでほしい。そして、その他人の子を少しでも増やそうとする努力を阻害しないでほしい。

◆少子高齢化の加速は自分の身に降りかかってくる

「最期の看取《みと》りは、家族でなくてもよい。『無縁社会』は必然だから、それに備えるしかない」と主張する宗教学者もいる。

本質的に、人間は死ぬときに独りであることは間違いない。周りが一緒に死ぬわけではないのだから、それは当たり前なのだ。しかし、死ぬときに周りに誰かがいるのといないのとでは、おそらく目を閉じるときの一瞬が全然違うのだと私は思う。

つまり、誰かがいれば「見送ってもらえてありがたい」という最後の感謝ができるのである。死を迎えるにあたって、これだけの人たちに見送られていくのだという思いの有無は大きいと思う。死ねば同じだとしても、人生のいちばん最後にどんな言葉を聞き、どんな光景を目に焼きつけていけるか。

夫の周英明がガンを患《わずら》い、病巣の摘出のため手術室に行くとき、私が夫の右隣に、娘が左隣に付き添い、息子が車椅子を押した。夫は、あとで「とても心強かった」と言った。夫は最終的には病魔に勝てなかったが、最期のときも彼のベッドの周りには彼と長い時を一緒に過ごしてきた家族がいた。もちろん、手術を受けたのも、死出《しで》の旅についたのも彼一人である。周囲の者は何もしてやれない。しかしそれぞれの瞬間で、夫は間違いなく独りぼっちではなかった。その絆は、夫がいちばんわかってくれていた。

最期のときを迎え、夫が私に対して特別に言ったことはなかった。お互いに口に出すまでもなく、台湾のこと、家族のこと、それぞれの生き方のこと、それまでに常に話し合ってきたのだから、彼が望むことが何かということは十分にわかっていた。彼がやり残したことはどんなことであり、そのうち何を私にしてほしいか、継いでほしいことは何か、私にはわかっていた。

夫を見送ったあと、私はしみじみ思った。

私たち夫婦は二人で一人だったのだ、と。台湾の問題から子育てまで、常に同じ側に立ち、相補《あいおぎな》い合い、二人で一人として生きてきた。夫に先立たれて、「これからは一人で二人分頑張って、生きていくわね」と彼に誓った。

私は自立して生きてきたという自負心を持っている。自由に生きてきた女だとも。ずっとそれを意識し、誇りにしてきた。だがそれは、周英明という夫に支えられて、夫の愛の中で生きてきたことと何の対立も矛盾もなかったのだ。それはとても幸せなことだった。

周は私たち家族の中にいて、家族の輪の中から旅立っていった。私たち家族は恵まれていたと思うが、同じような家族はこの日本にたくさんいるはずだ。

辛いことがあっても「家族という病」などと、ことさらよそに向かって言う必要はないと思う。自分の心にとどめておけばよいではないか。愚痴を聞いてもらいたいのなら、「社会問題を提起」などと肩肘《かたひじ》張らないことだ。「おひとりさまの気楽」を喧伝《けんでん》するのもいい加減にしてほしい。私に言わせれば、そうした喧伝こそが「病」だ。「無縁社会」であれ、「おひとりさま」であれ、結果的にそうなることはあるとしても、初めからそれを是《ぜ》とするような生き方に私は共感できない。少子高齢化の加速は他人事《ひとごと》ではない。自分の問題として受け止めなければならない。

一人ひとりの選択としては、子供をつくらないということはあるだろう。しかし、みんながその選択をしたらどうなるか。それが自分にどんな影響をもたらすかという想像をしてみるべきだ。社会との関わりに、実は他人事はない。全部、自分の身に降りかかってくる問題なのである。

第二章

「おひとりさま」より「お互いさま」

◆「個人主義」を盾にした無責任な言説

最期は独りで死んでいく。それは間違いない。

繰り返すが、心中でもしないかぎり、死ぬときは独りだ。想像してほしいのは、死を迎えるまでの人生の過程なのである。

上野さんがいみじくも、医療や介護の専門職ではなく、〈過去の経験を共にし、理解と共感を味わったあれこれの友人と〉と語ったように、彼女も人生をともにした人を求めている。ここで〈たとえ家族がいなくても〉と付け加えるのは、家族を持てないままに最晩年を迎えてしまった人への慰撫《いぶ》や激励にはなるだろうが、それ以前に「家族を持つ幸せ」を人生において軽んじてはならないと訴えてほしかった。上野さんは、「おひとりさま」の増加は自分のせいではないと言うが、女性の人生の選択を考えるうえで、結果的に「おひとりさま」へと向かっていく価値観を称揚してきたことは否定できまい。

たしかに家族を持ち、その一員として過ごすことは面倒や厄介を抱えることでもある。しかし、人間が集団生活を営んで暮らしていく以上、周りが他人だらけでも面倒や厄介は同じようにある。それが家族とのあいだに生じると「病」だとか「個人が確立していないからだ」とか「無責任なもたれ合い」とか非難するのは、一方で、たしかにある家族のありがたみを見ないようにしているからだ。

人生の最期で、残った家族に相続をめぐる深刻なトラブルを残してしまうかもしれない「骨肉の争い」は、まさに血のつながりゆえの激しさをもたらす。しかし、骨肉の関係であればこそ、ひときわ厚い情によって援《たす》けられることもある。人が人との関係のなかで生きるうえで〝いいとこ取り〟だけはできない。良くないことも引き受ける。この当たり前の感覚で家族を見るべきなのだ。

下重さんや上野さんらが本で書いていることに私が共感できないのは、家族を持たないという人生の選択をした人たちに様々な事情があることは察したうえで、それでも、そこに何も問題はない、間違っていない、反省なんかいらないというふうに、「個人主義」を盾に奨励している点なのだ。

共同体を支えていく責任は、その共同体に生まれた者がみな負担していくもののはずだ。結果的にその責任を負えない人たちは出てくるだろう。それは仕方がない。人生には、努力してもかなわぬことがあるのだ。しかし、それは初めから努力しなくてよいということと同じではない。

ましてやその努力に意味はないとしてしまったら、人は何のために生まれ、何のために生きるのか。それに価値を認めず、それを捨てた人が自分を正当化し、自分を救済するためにこういう本を書き、それによって多くの人を惑わせるのは罪だと私は思う。読んで、いっとき癒《いや》しを得られたと感じる人もいるかもしれない。だが、その癒しは、生きる活力にはつながっていかないだろう。

◆家庭ほど安らぐ場所はなく、夫婦ほど支え合える関係はない

これまで述べてきたように「個人主義」の追求、「個人の尊重」を自らの価値として生きた結果、他に何も尽くすことがなかったとしたら、それで人の世の全体のバラ

ンスがとれるだろうか。私は一見慰撫にみえる言説の多くが、結果的に人間をスポイルしていると言わざるを得ない。それは人をさらに孤独にし、さらに不幸にしていくものではないか。

男女が結婚し、子供をつくり、家庭を築いていく。古くさい「イエ制度」と、戦後の価値観からは批判されるが、日本にかぎらず、家族という単位を集団の基礎に置いてきた社会だけが、人類の歴史のなかで生き残ってきた。観念として最善でなくとも、人が生きる現実としてはそれがいちばん安定していたということではないのか。もし家族をつくることが人間としてマイナスの行為だとしたら、人間はその生存のために家族はつくらないという選択をしたはずだ。家族をつくってきたということは、人間の生存のために家族は必要だったということだ。

自立した個人というのは、アトミズム（原子論）のなかにしか存在しない。家族は厄介だが、家庭ほど安らぐ場所はない。夫婦関係は面倒だが、夫婦ほど支え合える関係もない。これを矛盾や対立と考えるか、現実はそういう二律背反のなかで成り立っていて、その両方を引き受ける覚悟が「生きる」ということだと考えるか――。

私も若い頃は、結婚してもしなくても、人生は五分五分だと思っていた。人間は独りでいるほうが自由に決まっている。結婚すればお互いにその自由の幅を譲り合うことが求められる。これは個人の自由からすればデメリットだ。だが、援《たす》け合うことで独りではできないことができるようになったりもする。これはメリットだ。

あるいは結婚生活を五年過ごして、別れて自由な独身生活を五年過ごして、その後に再婚して、その生活を五年過ごして、また別れて……という繰り返しを三回もすれば、きっと面白い人生になるだろうなと思ったこともある。期間や条件を細かく決める契約結婚のようなかたちを考えた時期もあった。

しかし、これは若い時代の夢想にすぎない。若いときはそれなりにちやほやされ、異性にモテもするが、だんだん年を取るにしたがい、そんな機会はなくなって、誰も相手にしてくれなくなる。

◆長所と短所を補い合って過ごしたカップル

周英明との結婚は、あらかじめ自分の人生設計の中にあったことではない。縁と言ってもいいし、運命と言ってもいい。日本統治時代に生まれた同世代の台湾人とはいえ、台北生まれ台北育ちの私と、日本生まれ高雄育ちの周が留学先の東京で出逢い、結ばれたのは運命としか言いようがない。

二人の絆の根底にあったのは、「台湾を台湾人の手に」という政治的理念と、お互いが少年少女期を過ごした日本時代に滲《し》み込んだ良き日本精神と日本語という共通点だった。私と周、二人の円を描いたとき、この部分が重なっていたことが、その後、四十二年間も夫婦でいられたいちばんの理由だったように思う。

多くの台湾人と同じように傲慢な中国人に強い反感を持っていた私だったが、正直、台湾にいるときは政治活動をする勇気はなかった。日本への留学も政治活動のためではない。

それが留学して一年経ったある日、台湾独立建国連盟の機関紙『台湾青年』を読んで大きな衝撃を受けた。「中華民国」ではなく「台湾」という言葉を使っていることからも、独立を主張する立場は明らかで、日本という外国で命の危険を顧《かえり》みずに行動している台湾人がいるという現実を知ったことが、私が独立運動に参加する最初のきっかけとなった。

『台湾青年』に孫明海という名で連載されていた小説があり、その作者が周英明であることを見抜いた私が、あるとき「あなたでしょう」と言うと彼は驚いて、そのあと大層嬉しそうな表情を浮かべた。

それから周は、私を良き話し相手、良き理解者と思うようになったのだろう。留学先の東京大学の同窓会の役員選挙に敗れたとき、彼は一晩中、眠れなかったらしい。翌朝、私に電話をかけてきて、「話しに行ってもいいか」と言う。話し相手として私に会いたくなったのだ。「君にしか僕の気持ちはわからないだろう」と言って、彼は私のところにやってきた。そんなことが重なって、私たちは一緒になった。

それまで周は、実姉《じつし》からどんな女性がいいかを訊《き》かれて、「自分の理想の女性は、自分の言うことを全部理解してくれる人だ」と答えていたそうだ。実姉はひと言、「それじゃあ一生結婚できないよ」と。周は私に出逢って「いたじゃないか」と思ったという。

読者には、ノロケと思っていただいてかまわない。夫婦の出逢いは千差万別で、「蓼《たで》食う虫も好《す》き好《ず》き」の言葉どおり、相手のどこを気に入るかも夫婦の数だけある。そこに良いも悪いもない。私たちの場合は「台湾を台湾人の手に」という政治的思想の一致があり、その意味では夫婦であり同志でもあった。

政治活動に参加したことで、私たち夫婦は中華民国政府からブラックリストに入れられ、パスポートを剝奪《はくだつ》され台湾への帰国もかなわなくなった。それでも私たちは挫《くじ》けなかったし、在日台湾人としてしっかり生きていこうと努めた。

周との結婚は、私たち二人を知る友人たちからは、「一年どころか三カ月ももたない」とからかわれた。悔《くや》しいので「周とは、三年はもたせよう」と言っていたら、結果として周が亡くなるまでの四十年以上の夫婦生活になった。お互いにいろいろあったが、長所と短所を補い合って過ごしてきた。いま思い返しても、いいカップルだった。

私と周をそれぞれ「円」に喩《たと》えると、根幹の価値観がしっかりと重なっていた。それがあれば、重ならない部分は気にならない。個人としての私と周がちゃんと存在しながら、夫婦として重なり合ってもいた。この関係に矛盾はなかった。良いことも悪いことも、お互いの円の中で起きる。重なっている部分がしっかりしていれば、良いことも悪いことも、過ぎて振り返ってみれば良き経験になっていた。私にも周にも〝いいとこ取り〟はなく、お互いに支え合った。

◆妊娠も育児も不幸なことではない

繰り返しになるが、結婚して家族を持つということは、良いこともあれば悪いこともある。ある意味では成りゆきであったり、流されたりすることもある。「わからないことがある」「見通しの立たないことがある」というのが人生なのだ。

人智を超えた何かによって人間は動かされている。「自己決定」という強い意志を持つのは結構だが、同時に不可知なことが人生にはあるのだと考える謙虚さも必要だ。人生すべてが自分の思うとおりにいくことなどあり得ない。そのとき、思いどおりにならないことに意味があるのだと気づけば、それが成長をもたらす。

思いどおりにならないことに愚痴をこぼしたり不満を漏《も》らしたりするのではなく、やるだけやろうと決めて頑張ることで人生は拓《ひら》かれていく。私の妊娠、出産時の話は先に述べたが、妊娠によって大学助手になる道が閉ざされたと短絡的に落ち込んで、境遇に不満ばかりを抱いていたら、いまの私はなかった。妊娠した私は、そのとき、できることを頑張ろうと思った。

砕けた表現で言うと、そのときの私は自分に「ブツブツ言うな。やることをやれ。子供が欲しくても授からない人もいるのだ。出産も、育児も、仕事も、全部頑張れる環境にあるのは恵まれている」と言い聞かせた。たしかに、そうなのだ。

妊娠は不幸なことか。そうではない。育児も結婚生活も、自分の人生を豊かに彩《いろど》る経験なのだ。何かそれを不当に思う、「私だけが」という被害者意識を抱くのはまったくおかしい。

夫の周は大の子供好きで、大いに子育てにも関わってくれたが、周には子供を産むことはできない。ここに男女の決定的な違いがある。男は子供を産めないのであり、女だけが子供を産むことができる。これは生命をつかさどる何者かが女に与えた能力なのだ。

「せっかく与えられた能力を、少なくとも健康な身体を与えられた者が発揮しなくてどうするのか」と私は考える。

昨秋、ジャーナリストの櫻井よしこさんが主宰する「言論テレビ」の「放送三周年感謝の集《つど》い」に招待されて観覧したときのこと。iPS細胞の作製で二〇一二年にノーベル生理学・医学賞に輝いた京大iPS細胞研究所の山中伸弥所長と櫻井さんのパネルディスカッションが終わってフロアに発言が求められた。そのとき、ある女性が、山中さんが少子化問題について触れたことを受け、いまの日本で仕事を持つ女性が子供を産んで育てることがどれほど大変かという〝困難さ〟を訴えたのを聞いて、私は思わず挙手をした。黙っていられなかったのだ。

私は、大学院生時代に結婚、出産したこと。政治活動に関わって中華民国政府からブラックリストに載せられたこと等々を述べ、それでも二人の子供を産んで働きながら育てたことを話した。

人によっては自慢げに聞こえたかもしれないが、私は、「『これができない』『あれもできない』と周囲の環境を挙げて、自分ができない理由を見つけるようなことは今日かぎりでやめよう、すべて自分の心持ち次第なのだから」と言ってマイクを返すと、そのまま帰った。

翌日、櫻井さんから「金さん、怒ったの？」と連絡があったが、私は怒ったのではない。パッと帰ったのは、そのあとに予定が入っていたからで、女性として出産や子育てにしり込みするのではなく、もっと前向きに自分の可能性、能力を活かす方向に頭を切り替えていこう、まさに「案ずるより産むが易《やす》し」なのだから、ということを言いたかったのである。

社会状況をあげつらうなら、いまよりもっと貧しく、福祉もままならない時代でも人は結婚し、子供をつくり、育ててきた。それは世の東西を問わない。「貧乏人の子沢山《こだくさん》」はけっして誰かを蔑《さげす》んだり、あるいは自らを卑下《ひげ》したりする言葉ではない。社会環境として人が生きていくのに大変な時代でも、人は逞《たくま》しく生きてきたということなのだ。

◆人間は何をもって「十分に生きた」と言えるのか

私との対談で、長谷川三千子さんがこう語ったのを思い出す。

〈私は金さんのように、「女性の意見を代弁するには、子供を産み育てる経験が絶対に必要」みたいな高邁なことを考えたわけではなくて、もう本当に〝生物的〟に子供を産みました。〉（『この世の欺瞞《ぎまん》』）

私も別に高邁《こうまい》な考えがあって産んだのではなく、授かった命を大切にしようと思った結果なのだが、それはともかく長谷川さんが〈生物的〉と言ったのは、彼女が一人っ子だったことによる。

〈私の年代は、一人っ子が珍しい世代で、友達はだいたい二人か三人の兄弟がいた。だから、一人っ子のプレッシャーというのがすごくて。一人っ子のプレッシャーというのは、「自分は死んではまずい」ということなんです。
だから私は小さいころ、ものすごく用心深かった。「これ、大丈夫？　やっても死なない？」みたいな（笑）。親のほうも「過保護にしちゃいけない」と言いながら、朝、熱が三七度あっただけで学校を休ませる。（略）
一人っ子だから生き延びなきゃならないというプレッシャーがずっとあったわけですが、結婚して、子供を産んで、ようやくそのプレッシャーから解放された。つまり、自分が子供を産めば、何と言うか、いちおう義務は果たしたかな、と。
もちろん、子供が小さいうちは育てる役割があって、それが大事になりますけれど、それでも「自分が死んではまずい」というのとは少し違う。たとえば、子供を救うために海に飛び込んで、自分は溺れて子供を救ってもいいわけですよね。〉（同）
哲学者である長谷川さんの率直な話に私は頷きつつ、そういえば周英明も十人兄弟だったなと思い出した。生きるのが大変な時代は、生きることとイコール家族をつくることだった。

兄弟の数が多い時代というのは、栄養状態が悪く衛生環境も劣悪で、人として命をつないでいくことが困難だった時代でもある。そうした心配をしなくて済むように社会制度を整え、福祉を向上させたものの、今度は個人の自由がいちばんで子供はいらない、つくらないとなったら、まさに〝生物的〟におかしいのではないか。子供をつくったら自由がなくなると考えるのは、あまりに狭量だ。

独身時代のように勝手気ままにはいかないが、自分の親がそれを我慢してくれたからこそ自分が存在しているという事実に、なぜ思い至らないのか。人が命をつないでいくということは、誰しもが応分の不自由に堪《た》える時間を持つということだ。それを「個人の自由」に反すると考えるのは、自己の生存を否定するのと同じである。

男女を問わず何事につけ、できない理由を挙げて、自分の人生の可能性を狭めるのはもったいないことだと私は思う。結婚も、出産も、子育ても、みんな経験したらいい。それを初めから拒否しながら、人生論めいた話をする人を私は信用できない。人生には様々な経験をして初めて悟れることがある。

先に述べたように、想像力には限界がある。私の親友だったMさんという男性が昨年亡くなった。とても知的に洗練された人だったが、ずっと独身で過ごしたので子供はいなかった。そして彼は、自分の人生には欠落するものがあったということを認めていた。想像力では補えない経験の欠落を認めるフェアな感覚に、私は敬意を抱いた。同時に、彼がそういう人生を選んだことを咎《とが》め立てする気もない。彼はその欠落を知っていたからだ。足りないものを素直に認める人と、それを認めず自分を正当化しようとする人には大きな違いがある。彼とは日常生活をともにすることはできないが、音楽、美術、芝居を享受する最高のパートナーだった。

生物にとってその生涯に何の意味があるかといえば、繁殖であり種の存続である。それ以外の価値を見出すのは人間しかない。よくテレビの科学番組で放送される「鮭の遡上《そじょう》」は、鮭という種が繁殖のためにその生涯を燃焼させる過程である。繁殖を終えて彼らは死んでいく。それが彼らの生の目的だからだ。人間も生物である以上、そうした存在の宿命は他の生き物となんら変わらない。人間だけがそれを拒否し続けたら、人間は間違いなく滅びる。

人間は何をもって十分に生きたと言えるのか。人間であるがゆえにいろいろな意味がある。しかし、そこから新しい命を生み出すという役割をないことにしてはいけない。

そのとき女はどうすべきか。逆立ちしても男性は子供を産めない。女性が妊娠するためには男性との関わりが必要だが、産む能力は女性だけに与えられている。そして、新しい命を生み出すことは神様にいちばん近い営みだともいえる。義務というよりも、女性としてその能力を発揮しないのは本当にもったいないと私は思うのだ。

◆人は誰しも誰かの世話になっている

周英明は、大の子供好きだった。二人では足りないと若い頃はしょっちゅう私に言っていた。『Cheaper by the Dozen（一ダースなら安くなる）』（一九五〇年）というアメリカ映画があった。原作はフランク・B・ギルブレス・Jrとアーネスティン・ギルブレス・ケアリーの自伝的小説『一ダースなら安くなる』で、劇中「一ダースなら何でも安上がりになる」という意味合いの台詞《せりふ》が何回も出てくる。

周はそんな大家族のイメージを引き合いにするのだが、産む側の私としては二人で義務を果たした感じだったから、「もっと欲しかったら、あなたがどこかで頑張ってきて。手段は問わないから」と言った。笑い話だが、かつては、それくらい子供を欲しがるのが親の普通の心情だった。

長谷川さんが述懐《じゅつかい》したように、「一人っ子」では命をつなげないという思いに駆《か》られる時代のあったことを想像してほしい。そしていまも、一人っ子では日本人は減少しつづけ、やがて消滅してしまうのである。「個人の自由」を最優先しているあいだに日本という共同体は危機を迎えている。

といって、「産めよ、増やせよ」「国家に貢献せよ」という言い方がいいとは私も思っていない。ただ少しばかり、人は誰しも自分以外の誰かの世話になっていることに思いを馳《は》せてほしいのである。

何度も言うが、私だって高邁《こうまい》な理想から子供を産んだわけではない。周と結婚し、命を授かったから、育てるしかなかった。子供二人を抱えて散々な目に遭った。乳飲み子は言葉の通じない暴君と同じである。「お腹が減った」「おむつを取り替えて」等々、ただ泣いて訴えるのをこちらが察するしかない。子育てにはたしかに楽しく平安を感じる時間もあるが、鬱々した愉快ならざる時間もある。それまで自由に駆け回っていた人間が、いきなり不自由になるのだから当たり前だ。

しかし、そのときに平安な時間と鬱々した時間の両方に意味があると思えれば、子育てはとても意義深い経験となる。「神様が生意気な私を教育してくれているのだ」と私は思うことにした。ある期間忍耐することは永遠の忍従ではない。自分で自分を甘やかす選択ばかりをしていると、その人生はいかにも薄っぺらな感慨の乏しいものになってしまう。

いまの日本では、楽な道を選ぶことに誰も異を唱えない。「若いときの苦労は買ってでもせよ」は、もはや死語だ。甘やかすことがいつの間にか善になってしまっているような気がする。「辛いこと、自由を制限されることはしたくない」と言えば、それが通る。そこに「人権」や「個人の自由」といった言葉がついてくる。それで「あなたが悪いのではない。あなたが辛いのは社会の仕組みが悪いから」となって、それを追認して甘言《かんげん》を弄《ろう》する政治家や役人、評論家ばかりが増えていく。

◆明るい未来のためには、きょうの忍耐が必要

結婚、子育ての問題から少し離れるが、先日、仙台で「美齢塾」の塾生やその仲間たちと食事をともにしたとき、震災からの復興事業のことが話題になった。なかなか復興が進まないのはなぜかと問うたら、彼らの答えは、復興関連の仕事は山ほどあるが人手が集まらないということだった。補償や賠償でお金が入るから、働かなくとも収入が得られる人たちがけっこういるらしい。

それから、「辛い仕事はしたくない」ということもある。結果的に建設関係・技術関係の熟練労働者の不足が深刻な問題となっている。昔は「働かざる者食うべからず」だったが、いまは働かなくても食べる権利は保障しなければならない。

人間の自立心を考えるとき、これはけっしていいことではない。生活保護が必要な人たちは、たしかにいる。しかし、求職活動もせずにそうした社会保障に安易に甘え

る人たちがいまの日本には多すぎるのではないか。仕事や求人はあるはずなのだ。それが少しでも辛いと、やらない。「若い人に仕事がない」というのも、その職種に満足できないということにすぎないのではないのか。

「メディアは、それをミスマッチという言葉で取り繕《つくろ》う」と長谷川三千子さんは言ったが、私もそうテレビで同じ意見を述べたことがある。働いた結果として報酬を得る。この当たり前の感覚があれば、辛かろうが何だろうが、まず働こうとするのが人間のあるべき姿だ。心身に障害がないのならば、他からの援助は極力受けない。それはけっして過酷な社会の在りようではない。「個人の自立」とはそういうことで、それが基本となっていなければ社会や共同体は成り立たない。

そもそも「辛い仕事」とは何だろうか。世の中に「楽なだけの仕事」があるだろうか。遣《や》り甲斐《がい》のある仕事は、往々にしてしんどいものだ。そして「しんどい仕事」は、その人を鍛える。鍛錬《たんれん》するということを、いまの日本人はあまりに軽んじてはいないか。

何がしかの技術や能力を身につけるには訓練が必要だ。熟練工や職人にはそうした時間を積み重ねないかぎりなれない。辛いことをさせてはいけないと言っていたら、熟練工や職人だけでなく、どんな分野であれ、プロフェッショナルはいなくなってしまう。技術や知識の伝承もされず、社会から活力が失われていく。明るい未来のためには、きょうの忍耐が必要だという常識を日本人は取り戻すべきなのだ。

学校教育における「ゆとり教育」の弊害が現実の社会に現れるようになって、だいぶ経つ。それでも学校で鍛えられなかった分を企業社会が補っていた時代があった。若者が社会に出ると、会社という組織が現場で鍛えた。「オン・ザ・ジョブ・トレーニング」である。これは日本の社会教育の特色であり、強みでもあった。

◆少し厳しい指導をしたら「パワハラ」?

この伝統が崩れはじめたのはいつ頃からだったかと考えると、バブル経済で人手が売り手市場になってからだろう。少しでも楽な条件の会社に行く。辛い仕事は避ける。それを我慢して働く社員は「社畜《しゃちく》」であり「働き蜂」であり、人間らしさの切り捨てを求められる。正規雇用にこだわって一つの会社に居つづけるのはバカらしく、転職自由な派遣で十分ではないか――。

こんな価値観の転換があって、その結果、日本人の幸福感や人生の充足感は少しでも増しただろうか。とても、そうは見えない。

さらに、バブル経済以後の労働環境を象徴する言葉の一つに「パワハラ（Power harassment）」がある。これは和製英語で、「職場で上司がその地位や権威を利用して部下に行ういじめや嫌がらせ」（『広辞苑』）とされるが、部下がそうと感じれば訴えられるとしたら、あまりにも曖昧《あいまい》だ。

部下に少し厳しい指導をしたら「パワハラ」と言われたのでは、「オン・ザ・ジョブ・トレーニング」はできない。社内でパワハラが認定されたら、その上司は左遷されたり処分されたりする。このときパワハラ認定の公正性というものはどうなっているのか。

セクハラと同じで、拡大解釈が容易なこの手の訴えは、被害者とされた側の感情をどう勘案するかが難しい。もちろん、横暴で愚かな上司もいるだろうが、企業が個々の事例を細かく見ずに一罰百戒《いちばつひやっかい》のような対応に終始したら、人材育成などとてもできはしない。

メディアもすぐに「パワハラ」と騒ぐ。「パワハラで会社を訴えた」という時点で、裁判が始まっていなくとも会社に問題があった、過失があったという印象で書き立てる。被害を訴え出た側の主張に重きが置かれる。これが一般的になったら、「虐待《ぎゃくたい》」と「鍛錬」の違いを見極める前に「厳しさは悪」と若者は誤解しかねない。

私事になるが、会社勤めをしている長男が上司にこう言われたという。

「君は仕事の段取りもいいし、周りとの人間関係もいい。しかし、どうしてご両親のＤＮＡが活かされていないのかなあ」

長男は、この話を嬉しそうに私に〝報告〟してきた。私は拍手喝采し、「あなたのことを大事に思っているから言ってくれた言葉ね。これをパワハラなんて言っちゃあオシマイよ」と答えたのだが、これくらいの会話で人間関係がこじれるのでは、なんともつまらない。

上司はいささかなりとも私と亡夫のことを知ってくれていて、その対比として長男に「もう少し知的なものに関心を持ったらどうか」と言いたかったのだとわかる。だから長男も嬉しげに私に「こんなこと言われちゃったよ」と報告してきたのである。

◆若いうちに不条理を経験するのも悪くない

たしかに何気ないひと言が人の心を傷つけることはある。といって、それが万人を傷つける酷《ひど》い言葉かどうかを検証する前に「けしからん」となってしまっては、コミュニケーションは成り立たない。

コミュニケーションはお互いの距離を測る作業でもあるから、摩擦や行き違いはつきもので、それに過剰反応をしていたらお互い身がもたない。おおらかでいればいいところを、妙な正義感を持ちだすと互いに傷つけ合うことになる。職場でも部下の何気ないひと言が上司の心を傷つけていることがある。基本的にお互いさまなのだと思っていればいいのである。

パワハラという言葉を前にして「教育」を躊躇《ちゅうちょ》するようになったら、お互いが損ではないか。表面的に傷つけないように振る舞うことが第一の目的になったら、そんなつまらない人間関係はない。

摩擦や軋轢が人間を成長させる砥石《といし》となる。そういうふうに考えれば自分が楽になるし、相手を察する能力を身につけることにもつながる。自己防衛が行きすぎると、自分以外の誰とも付き合いたくなくなるものだ。そんな狭い人生が楽しいか、ということである。

さらにいえば、人間は若いうちに不条理を経験するのも悪いことばかりではないのである。現実の世の中は、道理ばかりが通るわけではない。それを経験するのは人間としての成長をもたらす。そのとき悔しさや辛さを味わうことを、なぜマイナスばかりに考えるのか。

不条理を経験したことがない人間は、たとえばどんなに高学歴で門地《もんち》門閥《もんばつ》に恵まれていても、困難を前にすぐ萎《な》えてしまう。登校拒否や出社拒否、鬱病になったりする。

こういう言い方をすると、すぐに弱者を蔑視《べっし》していると短絡的な反応をする人がいるが、そうではない。弱者・強者という二分法こそ人間の可能性を否定する、人間そのものへの侮蔑ではないか。「辛い体験が、その人を強く蘇《よみがえ》らせることがあり得る」と私は信じているのだ。

とはいえ、そうした教育はやはり家庭から始める必要がある。甘やかしや過保護はけっして子供のためにならない。親はそれが愛情だと勘違いしてはいけない。

◆「オール・オア・ナッシング」で考えるな

『家族という病』にもこんな場面が出てくる。

〈電車の中で家族連れの一群に出くわす。父、母、二人の子供という構図だったとする。（略）親は、自分の子供を守ろうとする。

席が空くと、直ちに「○○ちゃん空いたわよ」と座らせようとする。赤ちゃんを抱いたお母さんならともかく、元気いっぱいの子供を座らせる必要はない。しっか

りと自分の足で立たせて、お年寄りや身体の不自由な人がいたら自然に席をゆずるという教育が躾としてあって欲しい。〉

私も、下重さんのこの意見には賛成だ。けれども、このあとに続く〈家族もいつまでも自分だけの世界に甘んじるのではなく、社会の中の一員に成熟していって欲しい〉というのは、あまりにこうした家族が一般的であると言いすぎている。世の中の家族すべてにこの光景が当てはまるはずはないのだが、これを「家族という名の暴力」として語るからフェアではないと思うのだ。

たしかにいまの日本は、子を持つ親そのものが甘やかされて育っている。だから子供を甘やかす前にまず自分を甘やかそうとする。「席が空いた」と子供を呼ぶ親は、同時に自分も座ろうとする。

道を行くベビーカーの「おれさま」ぶりも気になる。誤解を恐れずに言えば、ベビーカーはやはり親が楽をするためのものだろう。私の子育て時代にはなかった。乳児のときには、おぶったものだ。そして、子供が歩けるようになったら、なるべく歩かせるようにした。いまはベビーカーがあるから、年がら年中、子供をベビーカーに座らせている。それで母親の負担は軽くなるが、子供の足腰は弱まる。一定以上の空間を占有することも、何とも思わなくなる。便利なツールは、上手に使うことがカンジンなのだ。

こんな話を知人の医師に話したところ、「私のところに来る子供は、三歳になってもベビーカーに乗っている」という。子供を大切にすることと甘やかすこととは違う。厳《きび》しく躾《しつ》けることと虐待も断じて違う。今どきの若い親が子供への虐待で逮捕されて、「躾のつもりでやった」と言い訳するのを私は苦々《にがにが》しい思いで見ているが、これもまた若い親のそのまた親の世代の責任が大きい。

口幅《くちはば》ったいが、私は子供たちが歩けるようになったら基本的に電車やバスのなかでは立たせた。石原慎太郎さんが常々、「痩《や》せ我慢は『我欲』の抑制」で、「教育そのものだ」と語っていたのを、私は頷いて聞いていたものだ。「これを強いない教育は教育じゃないし、人間はその幼少期に何か辛い体験のひとつもしなかったら、まともには育たない。躾も身に沁《し》みない。子供の前から障壁をすべて取り除いてやることが大人の責任だと思ったら、大間違いだ」と。

「昔は良かったのに、今は……」という話にまとめるわけではないが、少なくとも戦前までの日本の親は、こうした厳しさと優しさの両面を意識して子供に接していたのではないかと思う。もちろん、日本がまだまだ貧しく、困難に満ちていた時代で、時代そのものがそうした躾や教育を必要とした面もあるが、これを旧《ふる》いといって捨て去ってしまってはいけなかった。これは今どきの親のそのまた親の世代の反省である。

私が日本人の最大の欠点だと思っているのは、「オール・オア・ナッシング」というふうに考えがちなところだ。

日本は先の大戦に敗北し、それによって〝戦前〟を捨てて一八〇度向きを変えてしまった。しかし、そんなことではいけない。国が永続するためには守るべき価値は守っていかなければならない。「守るべきは守る」という精神の闘いに淡白すぎた。それどころか、それを避けて新しい価値に飛びつくか、なあなあで打ちすぎてしまった。

その意味で私は、〈敗戦は日本という国そのものが変わり、違う価値観の下にリセットされるべき大きな節目〉だったと言う下重暁子さんとは対極にいる。有形無形の日本の伝統や文化が、戦後バラバラに崩れていったのはけっして好ましいことではなかった。代わりに物質的な豊かさを手に入れたという人は大勢いる。しかし、最低限、かけがえのないものを置き去りにしたという痛みを抱えるべきなのだと思う。それが平衡《へいこう》をもたらす。

◆「便利さ」の落とし穴

身近な話に戻ろう。

ベビーカーという便利なものは、物質的に豊かな時代の所産で、それをけしからんなどと言うつもりはないのだが、豊かな時代にあってどう身を慎《つつし》むかという問題を考えないわけにはいかない。

私はベビーカーを邪魔だとは思わないが、それを押して街中に出歩くときの周囲への心遣いは必要だと思う。どうしてもというとき以外はラッシュの時間に出かけないとか、狭い空間に大勢の人が立っている場所は迂回《うかい》するとかの配慮である。「乳飲み子を、そうした雑踏に連れ出すのはどうか」という基本的な問題はもちろんである。

ベビーカーは親の肉体的な負担をたしかに軽減したが、新たな問題も生む。それはベビーカーに乗せられる子供側の問題で、「自分の足で歩く」ことをしないで済むために、楽ばかりを覚えるということだ。こうした問題を長女と話したとき、彼女はこう言った。

「ママね、いま子供に我慢をさせるのは至難《しなん》の業《わざ》よ。私たちの時代と違って、便利なものが溢れているから」

便利さは人間から我慢するという気持ちを失わせていく。何事も我慢しなくて済むならそれでいいではないかというと、そうはいかない。現実には我慢をしなければならない局面はたくさんある。大人になれば、なおさらである。そうした耐性はやはり子供の頃から養っておくにかぎる。便利なものは、周囲への心遣いを失わせたり、自らの忍耐や克己心《こっきしん》を減退させたりする。これに気づかなければならない。そのうえで便利なものを使いこなす。コインに両面あるのと同じように、便利なものにも正負がある。

スマートフォンも同じだ。コミュニケーションの手段として、情報の収集や発信の道具として便利だが、そこには落とし穴がある。コミュニケーションは表層面に終始し、情報は手軽に扱える分、玉石混交《ぎょくせきこんこう》となっている。いかに使いこなすかよりも、中毒になって無感覚になったり、逆にスマートフォンに使われたりしてはいないか。「便利さ」は、そうした人間にとっての負の面と背中合わせになっている。

人間関係も基本的には同じだ。人に疎外《そがい》されることもあれば、人に援《たす》けられることもある。人として真っ当に生きようとすれば、そこに一方的な権利も一方的な義務もない。「お互いさま」という感覚があれば、社会のなかで、加害者にも被害者にも自分を固定化することはない。

戦後の日本という国は、権利と義務の意識のあいだで、こうした人としての余裕を失わせてしまったように思える。ギスギスした感じが増しているのは、そのせいだ。

第四章

そんなに家族を解体したいのか

◆マタハラには断固として反対だが……

「お互いさま」という感覚は、人間の社会を円滑にする。先述したように、いまの日本には「セクハラ」「パワハラ」「マタハラ」と、人間関係における摩擦が多発しているように見える。

ハラスメント（Harassment）の意味は「人を悩ますこと。優越した地位や立場を利用した嫌がらせ」（『広辞苑』）だが、これを拡大解釈すると、人間関係は相互に萎縮《いしゅく》していく。本音で語り合うことを避け、お互いの人生観に触れることなく表面的な付き合いに終始するという弊害をもたらす。批判されなければならない点は、「地位や立場を利用」して嫌がらせをすることだ。マタハラは「妊娠や出産を理由に女性が解雇、降格などの不利益な扱いを受ける」ことを指す。厚生労働省の実態調査（平成二十七年）によれば、マタハラを経験した女性は派遣社員で半数近くおり、正社員では約二割だという。「解雇」と「雇い止め」がいずれも二割を超え、賞与の不利益な算定や退職や非正規雇用への転換の強要も二割近い。

最高裁判所は平成二十六年十月、女性の自由意思による承諾などがなければ、「妊娠による降格などの不利益な扱いは原則として違法」という判断を下している。現実としては、会社の規模によってだいぶ違うのだろう。中小企業なら人のやり繰りに余裕がないという事情もあり得る。妊娠、出産で休む女性がいる場合、代替要員を得ることも容易ではない。当然、他の社員に負担がかかることもある。

女性を「質の高い労働力」として社会に位置づけるのなら、これらは大きな問題だ。それまでキャリアを積んだ女性が辞めることは、その人材を育成した会社にとっても損失となる。女性が子育てをしながら働きやすい職場をつくっていくことは、たしかに大切なことだ。「女性の活躍」は安倍政権の成長戦略の一環にも掲げられている。ただ目先の効率のために「地位や立場を利用」して、有為《ゆうい》な女性を追い出すような行為には私も断固、反対する。

しかし同時に、女性の側も過剰に甘えてはいないかを省みることが大切である。男でも女でも働かなければ立場を得られないし、出世しないのは当たり前だ。それを、まず認める必要がある。結婚、妊娠、出産という事情だけで不利益を被《こうむ》っているのかどうか。自分の普段の努力や能力を棚上げしていないか。

その点を自らに厳しく問い質《ただ》さなければ周囲の納得は得られない。本当に必要な人材ならば、企業は容易に手放したりはしないだろう。

◆「男社会」ゆえに女が得をしていることがある

私も日本語学校を経営していたので、女性の教師を多く雇用していた。彼女たちが結婚し、夫の転勤にしたがって海外に行くときは退職というかたちになったが、ニューヨークやロンドンで暮らす経験は必ずプラスになるから、彼女たちが帰国後に再就職の意思があれば私は大いに歓迎した。業種や会社の規模など細かな事情によって一概には言えないが、それでも意欲的で能力のある者に対しては男女を問わず歓迎するのが、活力ある企業のあるべき姿ではないだろうか。

いくら制度として出産休暇や育児休暇が認められていても、それを当然の権利だからと周囲への配慮を欠いたら、現実の人間関係はギクシャクする。自分が休んでいるあいだは必ず誰かに、どこかに皺寄せがいくのだから、何がしかの配慮や感謝はあってしかるべきだ。あるいは、そうした休みを取ることを応援してもらえるような努力を普段からしているか。かりに法律に「自明の権利」と書かれていても、現実に人が生きる社会では日頃の生き方、働き方が問われる。制度があっても人間の付き合いであるかぎりは、そこに心遣いがあるかどうか、心遣いの有無によって制度が円滑に回るかどうかも変わってくる。機械ですら潤滑油が必要なのだから、人情の機微《きび》を無視しては人の世は動かないのである。

私の知っている某代議士夫人は、二人の子供を育てながら普段は会社勤めをしている。それが夫の選挙となると、手伝うために一カ月間の休暇を取る。周囲はそれを認めるのだが、理由は代議士の夫人だからではない。日頃、いかに一所懸命働いているか、結果を出しているかを知っているからだ。常に、人に倍するような働き方をしているので、夫の大事に妻が駆けつけることを了《りょう》としているのである。

この女性はツベコベ言わない。権利だからと開き直ることもない。職場の上司や同僚が納得するというよりも、進んで応援しようという気になるのは、日頃の努力や心遣いが効いているからだ。これが恰好《かっこう》いい女性の姿だと私は思う。

もちろん、「そうした個人の努力や心遣いにすべて委《ゆだ》ねて、出産休暇や育児休暇という制度はいらない」と言っているのではない。働きながら結婚し、子供を産んで育てるというのは、二重三重の意味で社会に貢献しているのだから、それへの配慮はあってしかるべきだ。また、そうした制度的な優遇措置を利用しない女性もいるだろう。私の娘の職場にも、産休明けで勤務時間の短縮が認められているにもかかわらず、それを利用せずフルに働く人がいる。こういう場合、ベビーシッター代程度でいいから手当てを加算すべきだと私は思う。権利を行使しない人たちにはプラスアルファをする。そうやって前向きの評価で調整していく。人は何かを引かれることで平衡を保たれるよりも、何かを足されることで平衡が保たれるほうが意欲的になれるというものだ。

ここまで努めたうえで、それでも「地位や立場を利用」して嫌がらせをしてくる上司がいたら、そのときは遠慮なく反撃しよう。

私が敢えて厳しいモノの言い方をしているのは、自分一人が損をしているかのような感覚は持たないほうがいいからだ。「男社会」を批判するのは簡単だが、実際には「男社会」であるがゆえに女が得をしていることもある。それを認めたうえで、あるいは受け入れたうえで、男女が少しでも仲良くやっていける社会のほうがいいのではないか。わかりやすい例を挙げれば、映画『タイタニック』に描かれた男女の姿だ。沈みつつある船のなかで、男たちの多くが女たちに生存の可能性の高い道を譲っていく。主人公もそうだった。男女平等なのだから女に救命ボートの席を譲る必要はないと言い出す男がいたら、他の男に軽蔑されるに違いない。命を生み出す性である女を優先することは〝暗黙〟の約束事なのだ。

◆謙虚さや感謝を忘れると見えなくなること

女性は、女性であるがゆえに恵まれることがある。これを現実に認めることが公平な感覚だと私は思う。政治の世界にも、女性の大臣が多く誕生するようになった。けれども、その起用が本当に実力評価によるものかどうかはわからない。

私が最近気になったのは、将来の総理大臣候補の一人といわれる野田聖子さんの発言だ。彼女は、「郵政大臣に登用されたときは、すれ違いざまに先輩の政治家から『スカートをはいていれば大臣になれるんだな』と嫌味を浴びせられたこともある」と語ったという。率直に言わせてもらえば、彼女が小渕恵三内閣で、当時最年少の閣僚（郵政大臣）に抜擢《ばってき》されたことには私も驚いた。野田さんや彼女の支持者がどう思おうと、そこに政権のある種の人気取り、大衆迎合を感じないわけにはいかなかったし、入閣待ちの先輩議員を差し置いて彼女が起用されたことは、彼女がいくら「情報通信と少子化対策と女性政策は、私が着手するまで誰も専門的に取り組んでこなかった分野で、自分の右に出る者はいない」と自負したとしても、それだけであるはずはない。やはり、そこには若い彼女を可愛がった先輩議員の引き立てがあったのである。

私は、それが悪いことだと言いたいのではない。情報通信や少子化対策といった政策に自負心があっても、なおかつ、男社会における女性の優遇、「セイコちゃん、セイコちゃん」と目をかけてくれた大先輩たちの存在をわきまえておくべきだと言いたいのである。男社会であるがゆえの引き立てがあったことは現実として受け入れるべきで、まずは素直に感謝すればよい。そのことを口に出されて、何か怨《うら》みがましい揶《や》揄《ゆ》ねた物言いをするのは恰好よくないということだ。

それとも彼女は、自分は抜群に優秀で、それが正当に評価された結果だと思っているのか。だとしたら、それは思い上がりだ。客観的に見て、彼女と同等以上の能力や意欲を感じる女性議員が見当たらないわけではない。昨年の自民党総裁選挙で、野田さんは出馬を模索した。結果は安倍総裁の無投票再選に終わったが、野田さんがそのとき、雑誌『婦人公論』に寄稿した内容を目にして、私は「ああ、この人は総理大臣の器《うつわ》ではないな」と感じた。野田さんは、安倍総理が進める安全保障法制に反対ではないものの、〈女性政策の方が先ではないか〉と問い、五十歳で授かった長男が幸せであれば、〈他の人たちも幸せだろうし、結果として日本はオーライ〉だというのだ。なんという単純さだろう。いくら女性活用社会といっても、これで総理大臣をめざしてもらっては国民が困る。ここに男女の差は関係ない。

私は、どんな分野であれ、意欲のある若い人たちは応援したいと思ってこれまでやってきた人間だ。だから、野田さんに対してとくに含むところがあって厳しく言っているのではない。「スカートをはいていれば大臣になれるんだな」と言われたら、「私のスカート姿で日本が元気になるのなら、いくらでもはきます。それからスカートをはいても、はいていなくても、私は全力で頑張ります」と笑って受け流せるような度量を持ってほしいと思うのだ。そして、それは男女差別を助長することにはならない。

私は高齢者で、かつ女性ということで恵まれている面があるのを認める。たとえばテレビの討論番組のキャスティングやシンポジウムのパネリスト選びで、年齢の配分、性別の区分から「高齢の女性に」となって私が起用されることもある。

女だから、高齢者だからといって、不利益を受けるばかりではない。その逆もあって、何度でも述べるが、世の中はそんなに一方的にはできていないのである。謙虚さや感謝を忘れるとそれが見えなくなるだけなのだ。

◆絆と感じるか、軛《くびき》と感じるか

謙虚さと自負心はコインの両面だと思う。どんなに自由な生き方をしようとも、自分の命は親から授かったもので、突然、中空《ちゅうくう》に出現したのではない。

子は成長して親を批判するようにもなる。一個の人格が形成されれば、子は親と同じではなくなるのだから、親への批判は愛情と同じように当然のものになっていく。生きるうえでの「反面教師」にもなる。私の両親も私にとっては反面教師だった。けれども、私は両親とのつながりを自ら疎《うと》ましいと感じたことは一度もない。

両親とのつながりを絆と感じるか、それとも軛《くびき》と感じるか。これもまた両面あるのだと思う。「自立して生きる」ということが女性の人生のテーマとして語られるようになって久しいが、私は、親や家族との絆を強く意識することと個人の自立はまったく矛盾しないと考えているし、親を反面教師とするにしても、それは親を断罪して突き放すことではない。

下重暁子さんは『家族という病』の中で、〈父や母を反面教師として私は自分自身をつくり上げてきた。親の生き方と違った生き方をするか、それとも、親にとってのいい子のまま仮面をつけ続けるか〉と書いているが、親を認めることや親と仲良くすることが「いい子のまま仮面をつけ続ける」ことになると考えているのだろうか。

親との距離を取ろうとするあまりに、こうした物言いになっているとしたら、下重さんこそ親離れができていないように私には思える。命を与えてくれた存在に対する謙虚さもなく、ただ自己存在を自明とする傲岸《ごうがん》さを感じる。

先に述べたように、私にとっても両親は反面教師だった。父は肺病（結核）を抱えた気弱な人で、母は裕福な商家に生まれ育った人だったが、私が小学生時代は、入退院を繰り返す父を当てにできないために、一家揃って母の実家に居候《いそうろう》をしていた。

母については、いかにわがままで、贅沢《ぜいたく》で、美味《おい》しいものが好きで、お洒落《しゃれ》だったかということを思い出すのだが、これは全部、見事なまでに私に引き継がれている。「ああ、母娘だなあ」と観念し、受け入れているのだが、ただ一つ私が母と大きく違ったのは教養への憧れだった。母は商家の育ちということもあったのだろう、上級の学校には行かなかった。自らそうした望みもなかったようだ。私が読書に没頭していると「そんなものは必要ない」と価値を認めなかった。私が読書に耽溺《たんでき》して寝食を忘れると、読書を禁じようとさえした。母は商家に必要な知識は備えていたが、教養には関心がなかった。厳しく言えば無知無学の人だった。

私はそんな母を見ていて、愚かとは思わなかったが、大きな欠落を感じた。本を買うお金も上級の学校に行く資力もあるのだ。「なぜ……？」と思いながら、私は、教養に関心のない母を反面教師とした。自分の知的好奇心を満たすことに時間を費やすため、母と対立もした。必ずしも学校の優等生になったわけではないが、好きな本をたくさん読むことができたおかげで今日の私があると思っている。本を読むということは多くの人と出逢うことであり、多くの場所を訪ねることでもある。私の直感力や読解力は、あの時期に母を反面教師とした結果、身についたものだ。

◆「個人の自立」のために家族を拒否する必要はない

父もまた反面教師だった。病弱だったことが父の基本的な性格を気弱にしたのかもしれない。父が誰かに逆らうといった記憶はまったくない。積極的に何かを主張している場面も見たことがない。私が日本に留学して台湾独立運動に関わり、やがて国民党政府のブラックリストに載せられたとき、父は国民党に言われて私に翻意《ほんい》を促す手紙を書いて送って寄こした。

　厳しく言えば、父は真面目な働き者ではあったけれども、国民党支配下の秩序に従順で、台湾人としてのアイデンティティを自ら封じた人だった。

　独立運動をやめて帰国したらどうかという父からの手紙に、私は返事を書いた。父が心ならずも書かされていることはわかっていたが、私ははっきり「そんな生き方でいいの？」と綴った。娘としては父の立場を察しない親不孝者だったかもしれないが、明言することが父の気持ちを楽にするのではないかと思った。私が曖昧な返事をしたら、国民党は重ねて父に私を懐柔《かいじゅう》するよう求めただろう。結果として、父から二度と手紙は来なかった。父も踏ん切りがついたのだ。

　私は父の軟弱さを残念に思ったが、軽蔑したわけではない。父の人生は周囲に遠慮しながらつましく生きようとしたものだ。社会を変えようとか、何か自分が主体となって成し遂げようとか考えた人ではなかった。私は父の人生を見習うべきだとは思わなかったが、子として親の人生をそれなりに認めるべきなのだと思っている。結局、子供は自然に親の望むように育つわけではない。見習ったり、反面教師にしたりしながら、子供自身がそれを選んでいるのだ。

そしてその時点で、子供は親から精神的に独立しようとする。経済的な問題や何かで協力し合うことがあっても、それは自立していないということではない。私は二十代半ばで親元から完全に離れ、自ら生計を立てることで親から独立した。

自由になったが、それは両親との関係を否定することではなかったし、反面教師としたのも両親を嫌ったからではない。家族は素晴らしいと思うことと、個人として自立することは何ら対立しない。なぜ、わざわざ「病」などと言って距離をとる必要があるのだろうか。個人の自立のために家族を拒否する必要はまったくない。

◆知に驕った傲岸不遜な人たち

親子関係は一様《いちよう》ではない。その数だけ異なる物語を抱えている。だから「私にとって家族は病だった」という人がいてもいい。家族関係は面倒くさく、厄介で、揉《も》め事が多く、偽りの仮面をもって過ごさなければならないと感じる人がいてもいい。その人にとっては、それが真実なのだろう。けれども、自分の経験や自分の物語ですべての家族を括《くく》るのは、土台《どだい》無理な話である。私も自分の経験や物語を綴っているが、これがまったく正しいと言っているわけではない。「家族は病」と感じる人に、「家族はクスリ」と思う人もいることを対置して見せたいだけだ。

家族という当てにならない人間関係よりも、安定した社会制度を築いて、そのなかで個人として生きていく。下重さんや上野さんは、家族ではなく個人を単位とした社会制度の充実こそが重要で、それが整っていれば家族はなくてもよい、「おひとりさま」でもよいのだと主張している。家族にこだわる必要はない、と。

しかし、その社会制度をつくり維持しているのは誰だろうかと考えると、誰かが生み育ててくれた人々によって成り立っている共同体なのだ。「おひとりさま」は、金銭的な負担はするだろう。けれども、医療や介護、看取りの現場を担っているのは人間であり、機械ではない。将来、AI（人工知能）の進化によってある種の機能の代替は行われるかもしれないが、人手はいらないとはけっしてならないだろう。人間は感情の起伏によって、落ち込みもすれば、励まされもする。人間を支えるのは人間なのである。家族をつくることに意味を見出すのは、人間が存続していくための〝常態〟だ。家族はいらないという生き方、あなたがそうやって生きてきたことを否定はしないが、それを素晴らしいとか、家族や共同体のしがらみに縛られて生きるのはくだらないとか、時代に遅れた生き方だとか言ってくれるな、ということだ。「個人の自由」の名のもとに、家族を無価値にするような言説を垂れ流すのは、なんと言おうと無責任なのである。

「おひとりさま」のあなたを看取る誰かは、あなた以外の誰かが産み育てた人なのだ。その人に対して、〈仕事の出来る女性ほど子供を持たない選択をせざるを得なかった〉（『家族という病』）と言えるのか。社会制度に不備があろうがなかろうが、仕事を持ちながら子供を産み、育てた女性に対し、この一段高みに立ったような物言いには、それができなかった自分を正当化し、救済する以外の意味を私は見出せない。

結婚をしたことがない。子供を産んで育てた経験もない。代わりに高学歴で、メディアや学界などで仕事をしている関係から公的な立場を与えられた彼女たちが、ちゃんと結婚をし、子供をなし、家族という共同体を営み、社会を支えている人たちの生き方を批判する。家族は病であるとか、個人の自立を阻害するとか、形而上から高説を垂れる。これを傲岸不遜《ごうがんふそん》と言わずして、なんと言おう。そして、知に驕《おご》った傲岸不遜な人たちに社会制度の設計を委ねてはならない。

◆ＬＧＢＴの人たちに偏見はないが……

「ＬＧＢＴ」という言葉がある。同性愛のレズビアン（Lesbian）やゲイ（Gay）、両性愛のバイセクシュアル（Bisexual）、生まれつきの性別に違和感を持つトランスジェンダー（Transgender）の頭文字を並べて総称される性的少数者のことだ。日本では人口の三〜五％存在するとされる。

私は、ＬＧＢＴの人たちにまったく偏見はない。そういうふうに生まれてきてしまった以上、男が男を好きになったり、女が女を好きになったりしても異論はない。彼らが一緒に暮らしたいのだったら暮らせばよいと思っている。結婚式を挙げたいというのなら、挙げればよい。それこそ個人の自由なのだ。

東京都渋谷区は、平成二十七年十一月から、同性のカップルを結婚に相当する関係と認める「パートナーシップ証明書」の発行を始めた。同年三月に全国で初めて成立した「同性パートナーシップ条例」に基づくもので、同区内に住民登録し住んでいる二十歳以上の同性カップルが対象となっている。早速、証明書を受け取ったカップルもいるようだ。

私の妹が米サンフランシスコに住んでいたとき、彼女の住まいを訪ねたことがある。両隣の住人がそれぞれレズビアンとゲイのカップルだったが、市民生活の基本的なルールとマナーを守っていて、まったく良き隣人だった。性的少数者だからといって社会的に阻害したり排除したりすることにはまったく反対だが、いまの日本で、実際に差別的な被害に彼らが遭っているかどうかは、何とも言えない感じがする。

渋谷区の条例に関わる議論でも、「同性カップルであることがわかれば、家を借りるのもままならない」という意見があったが、現実に不動産会社も家主もそんなところまで踏み込んで考えるだろうか。ルームシェアだといえば済む話ではないか。「入居を断られるといったトラブルは聞いたことがない」という不動産会社のコメントが新聞に載っていたが、ことさら深刻な問題が存在するかのようにして政治的な運動をしようとする人たちがいるのも事実だろう。

家族でなければ病院での面会も認められていない。だから同性婚を認めるべきだという意見もあったが、これまた「入院患者が拒否しないかぎり、誰でも面会できるようにしている」「同性パートナーであっても面会は断っていない」というのが事実のようだ。渋谷区の条例は区長の強い意向で進められたらしいが、議論の前提となる調査や確認はおざなりだったとの批判も出ている。

◆男女の結婚と同性婚を「区別」するのは当然

私はＬＧＢＴの人たちに偏見はないと言ったが、同性婚に対しては、男女の結婚とは区別が必要だと考える。なぜなら、男女の結婚には新しい命を生み出す可能性があるが、同性婚にはそれがないからだ。人間も生物であることを忘れてはならない。生物は有性生殖によって進化し、人類の誕生も有性生殖による。これは厳然たる事実で、これを認めないことには人間の存在はない。

私たち人間は、男（雄）と女（雌）が一緒にならないかぎり次の世代を生み出せないのだ。種としての命をつなげないとなれば人類は絶滅するしかない。私たちは命をつないでいく仕組みを「結婚」という社会的な制度にした。同性婚は残念ながら一代限りの命だ。このとき養子を迎えれば家族として成り立つという意見は、一種の詭弁《きべん》でしかない。その養子もまた男女の結合によって生み出された命であることを忘れてはいけない。同性カップルの存在はいいのである。否定しない。しかし、彼らが人類という共同体に果たせる役割には欠落があるということは指摘せざるを得ない。人間以外の高等生物は、生存本能として雌雄の組み合わせで新しい命を生み出すことを自明としている。発情期や繁殖期があるのはそのためだ。

そして、なぜか人間だけがそうした本能の力が衰えてしまっている。知性が生存本能を惑わせているのかもしれない。代わりに共同体の習慣や制度といったものを編《あ》み出し、その力によって生物としての人類を維持してきた。結婚し家族をつくることがそれだ。もちろん、時代や社会状況によって外形的な形態には変化がある。けれども、男女が一緒になるということは不変なのだ。妙な人権意識などでこの基本を歪《ゆが》めてしまうと、人間は取り返しのつかないところに行ってしまいかねない。

アメリカでは二〇一五年六月、連邦最高裁の判決で同性婚が憲法上の権利として認められたが、判決は九人の判事のうち五人が賛成、裁判長ら四人が反対と僅差《きんさ》だった。州によっては同性婚を認めていたところがあって、世界的に同性婚を認めることが主流になってきたという人もいるが、それはキリスト教文化圏でこれまで同性愛があまりにも固く禁じられてきたことへの反動だろうし、保守派を中心に根強い反対もあるのが現実だ。

私は、「世界的にこうだから」という理由で日本が倣《なら》う必要はまったくないと思う。日本は歴史的に見ればキリスト教文化圏とは違い、同性愛についての違和感や差別感は薄い。問題なのは、同性愛を結婚という制度に結びつけようとすることで、渋谷区条例のように同性パートナーシップを「結婚に相当する関係」と扱うことは、生物としての人間の本然に逆らうものだ。男性同士、女性同士の恋愛はかまわない。でも、それは結婚とは違う。この一線を曖昧にすることに私は反対である。同性パートナー

（同性婚）と男女の結婚の両者を人間として平等に扱うのはよい。しかし、それは同質を意味しない。両者のあいだに、社会的に偏見でも差別でもない「区別」を設けるのは、けっして不当なこととは思われない。

人間が共同体を営み、そのなかで存続していこうとするかぎり、原則と例外の関係を取り違えてはならない。「人権」もまた人間が存続してこそ考え得る概念なのだから。

◆「夫婦同姓は精神的に苦痛」はオーバー

夫婦同姓と女性の再婚制限という二つの民法規定について、最高裁判所が平成二十七年十二月、初めて判断を下した。どちらも現行の規定を不当だとして訴えた事案に対する判決だが、「夫婦同姓」は合憲、「女性は離婚後六カ月を経過した後でなければ再婚できない規定」については違憲とした。

夫婦同姓について「自分の名前で死ぬこともできず、精神的に苦痛」という原告側の言い立ては、いかにもオーバーだと私は思う。私自身が夫婦別姓なのは、別姓制度の台湾に生まれたからで、周英明と日本で結婚したときは外国人だから、登録が個人単位である以上、日本の制度上は夫婦であっても別姓となった。

表札に周英明・金美齢と二人の名前が出ているから、「あなた方は内縁関係ですか」と言われたこともある。私たちは苦笑《にがわら》いしながら、「台湾や中国では夫婦別姓です」と説明したものだが、いずれにしても精神的苦痛というほど負担に感じたことはない。日本では家族は「家族名」を名乗る。それが伝統だと思っているから、外国人である私たちがとやかく批判がましく言う話ではない。

そもそも個人や家族にとって「氏」や「姓」とは何だろうか。どちらも英語では〈family name〉で〈家族名〉ということだ。個人であってもどの家族に属するかを指すから、後天的に選び取る性質のものではない。夫婦別姓に関する政策や裁判では「個人の価値観に関わる」という論点が持ち込まれるが、そこには人間は家族の中に生まれるという前提が欠けている。

学問的に詳しく言えば、「姓」と「氏」には違いがある。「姓」が祖先との縦のつながりを表すのに対し、「氏」は現時点での横のまとまりを表す概念だといってよい。

伝統的な儒教社会では縦の関係を最も重視するから、結婚したあとの妻に夫と同じ「姓」を名乗ることを許さない。夫婦別姓となり、儒教的な別姓制では子供は父方の姓を継ぐことになる。台湾は中国の影響から、その文化圏にあった。

「氏」のほうは家族名で、結婚した夫婦はどちらかの「姓」を氏として名乗り、子供たちも同じ氏を名乗る。家族全員が同じ氏を名乗ることで「家族」という共同体の単位ができあがる。現在の日本の民法はこのシステムを採用しているというわけだ。

ここで大事なことは、姓や氏は個人が勝手に名乗るものではなく、自分の生まれ出た家族の中で定められているということである。それは一つの歴史的なシステムで、そのシステムのなかで「姓名」も「氏名」も意味を持つ。これは個人の自由、つまり好き嫌いや便宜《べんぎ》を超えた事実として続いてきた。これを不合理だというのは、いま生きている者の都合ということになる。

ちなみに中国の影響を強く受けた儒教文化圏で、女性が自分の「姓」をずっと名乗るのは、結婚しても家族として認められないということなのだ。子供は一族を継ぐ者として父と同じ姓を名乗るが、子供を産む女にはそれを認めない。それから夫には何人も妻（愛人）がいるのが普通で、それが陳氏、林氏、李氏などと幾人もいるとなれば、同じ姓を名乗らせたら区別がつかない。妻（愛人）が何人もいるという社会の前提がある。

◆「グローバル・スタンダードにそぐわない」は的外れ

日本はこうした儒教文化圏と似ているようで似ていない。結婚した男女はどちらかの姓を名乗る。つまり縦の関係においても横の関係においても一体化する。その意味では、私は歴史的な背景の異なる二つの国を祖国にしたということになる。

周とのあいだに子供が生まれたとき、出生届を提出するにあたって「子供は父親の名字（周）を名乗ります」と病院の婦長さんに告げたら、「それはお父さんが認知するということですか」と訊かれた。父が周、母が金と別姓なので、婦長さんはそう解釈したのである。日本の家族制度のなかにあって、これを窮屈と感じるか、それとも先祖ともつながる家族の一体感と受け止めるかは人それぞれだと思うが、私と周は

「これが日本なんだね」と笑って済ませられる感覚だった。二人の子供は周の姓を名乗っているが、娘は結婚するに際して相手と同姓になった。戸籍上は周ではない。しかし、いまも働いていて、職場では旧姓の周を使って不便を感じていない。

私は周とのあいだで別姓夫婦だったので、選択的な別姓制には反対しないが、現実には子供の姓をどうするか、そこに個人の自由といった観点を持ちこむと収拾がつかなくなるだろう。儒教文化圏では自明に子供は父親の姓を名乗る。それは血族集団が父系でできあがっていることを意味し、夫婦それぞれの「個」を尊重した結果、別姓制を採用しているということではない。

日本には日本人としての家族観がある。私は基本的にそれでいいと思っている。「グローバル・スタンダードにそぐわない」と言った法律家もいたが、いかにも的外れという気がする。夫婦同姓は合憲という最高裁判決の翌日の朝日新聞は、社説で、海外でも夫婦に同姓を義務づける国はほとんどないと述べていたが、たとえば全国一律の戸籍制度を完備してきた国は日本以外にほとんどない。歴史的に培ってきた習慣や社会制度の違いを無視し、単純に制度の比較をすることに何の意味があるのか。

現代史家の秦郁彦氏がこう論じていたのを、興味深く読んだ。

〈キリスト教国の多くは、誕生も結婚も教会に登録され、横の連絡網が欠けるので家系をたどりにくく、わが国ではありえない重婚（の罪）も起きる。姓名の変更も欧米では法的規制が緩やかで、極端に言えば自由自在に近い。たとえば結合姓であるヒラリー（洗礼名）・ロダム（父の姓）・クリントン（夫の姓）は、大統領選を意識してか、洗礼名のみのヒラリーに変え、最近はヒラリー・クリントンと名乗っている。

ミャンマーは姓を持たぬ国で、アウンサンスーチーは父と祖母と母の名の一部ずつから合成した名だというから、世界の姓名事情がいかに多彩かわかるし「女性差別」とは無関係だ。〉（平成二十七年十一月二十五日付『産経新聞』）

実のところ、この問題に合理的なグローバル・スタンダードなど存在しない。日本で生きていくのに夫婦同姓で何か重大な不都合があるとは思えない。私と周は別姓だったが、日本社会に対し、夫婦別姓を認めないのは精神的に苦痛だなどと思ったことはない。現実を冷静に見よう。結婚後に姓が変わることで、仕事などで不利益が生じるという意見に対しては、多くの企業で旧姓を通称として使えるようになっているし、それが定着もしている。

◈日本人は、日本人の幸福観から判断すればよい

それから忘れてならないのは、両親が別々の姓を名乗った場合の子供への影響である。子供の姓はいったいどうするのか。夫婦別姓は同時に親子別姓を意味する。結婚後のどの時点で子供の姓を選択するのか。また一組の夫婦に複数の子供ができた場合、子供ごとに姓を選択するのか。兄弟姉妹で統一するのかしないのか等々の問題がある。

私は二人の子供と姓が違う親子別姓だったが、周との一体感のなかで家族はまとまっていた。もともと子供はみな父親の姓を名乗るという文化圏に生まれ育ったから、それに違和感はなかったのだが、日本は歴史的背景や価値観が異なる。それを斟酌《しんしゃく》

しない議論はやはり為《ため》にするものだろう。秦さんの先の論考は、こう指摘している。

〈結婚の態様を整理してみると、(1)同姓婚(通称併用は可)、(2)別姓婚、(3)事実婚、(4)新姓創造(結合姓を含む)、(5)通称拡大(戸籍法の裏付け)――となる。現状は(1)だが、(5)の方向へ進みつつある。(4)の結合姓(一例は関・谷・三郎)は日本人の姓名になじまないのは一目瞭然で、賛同者はいないと思う。(2)を採用した際の難点は、子の姓を決めるすっきりした名案が見つからぬことだろう。2001年の森山真弓法相時代に別姓実現の一歩前で、(5)を推す高市早苗議員(現総務相)の奔走により流れたことがある。このとき法案の作成を命じられた法務省官僚は、子の姓について、あちらを立てればこちら立たずで、条文化に苦慮した。ジャンケンで決めようとか、交互に姓を分けたらとか、成人後の子に最終選択権(1回だけ)を与えたら、というような諸案が検討されたようだ。

しかし最終案は、別姓での結婚時にカップルが協議して子たちの統一姓を決め、登録しないと結婚届を受理しないという「荒業」に落ち着いた。双方の親も加わる協議がまとまらないと事実婚（内縁）状態が続き子は自動的に母親の姓になるが、と法務省の担当者に聞くと「少数のわがまま女性はそれが狙いかも」とやけ気味の返答だったのを覚えている。〉

別姓を導入した諸外国では、夫婦が子供の姓で揉めた場合に裁判で解決することがほとんどだというが、司法の結論が出るまで子供の立場は不安定だ。またそんな争いのなかで決められた姓に愛着が持てるかという問題も生じる。子供にどのような影響を与えるのかが判然とせず、妙案もない段階で夫婦別姓を制度として導入するのは社会に混乱をもたらすだけではないか。

この議論の過程に透けて見えるのは、夫婦別姓を推進しようとする側に「家族の解体」という目的があるらしいことだ。すべてを個人単位で考えることが人間の幸福につながるかどうか、これまで様々述べてきたが、夫婦別姓が日本社会に何をもたらすかということ、そのメリットとデメリットを冷静に考える必要がある。

はっきりしているのは、同姓がもたらす家族の一体感は、日本の歴史的な伝統であり、文化であるということ。そのなかで日本人は生まれ、育《はぐく》まれてきたということだ。そして各種の世論調査によれば、かりに選択的夫婦別姓制度が導入されたとしても、自分は別姓を「希望しない」という人たちが八割を超えているということだ。

答えはもう出ているように思う。日本的な家族の絆は世界から見れば異質だという見方に私は与《くみ》しない。日本人は、日本人の幸福観から判断すればよいのである。

◆DNA鑑定が可能な時代に受け入れられるべき変化

女性の再婚禁止期間については、生まれた子供の父親が誰かの判断を混乱させないために、それなりの合理性がある。民法は〈妻が婚姻中に懐胎《かいたい》した子は、夫の子と推定する〉(七七二条一項)、〈婚姻の成立の日から二百日を経過した後又は婚姻の解消若《も》しくは取消しの日から三百日以内に生まれた子は、婚姻中に懐胎したものと推定する〉(同二項)と規定されている。

ここで重要なのは「推定する」という文言で、法律的には、真に夫の子であるかどうかには関与しない。結婚しているあいだに妻が宿した子供は夫の子であるだろうと推定し、夫に父親としての責任を負わせるのが法の趣旨である。その意味では、DNA鑑定によって親子関係の真実の証明が可能になった現代にはそぐわないともいえるが、逆にいえば、子の父親が誰であるかについての紛争を抑制してきたとも言える。

真実の詮索《せんさく》よりも法律上の父親を早めに決め、子供に対する監護養育の責任を求めることを優先するかどうか。これは科学的な証明が可能になったことで、「推定」よりも「事実」という価値が優先される判断はあり得る。妻だった女性とのあいだに生まれた子のことで、実の父親でないことの確認を求める裁判を起こして世間を騒がせたタレントカップルがいたが、こうした問題は双方の納得が何によって得られるかで決まってくる。

最高裁が女性の再婚期間に関する法律を違憲と判断したことで、国は法改正を迫られる。岩城光英法相も判決後、離婚から百日が過ぎていれば婚姻届を受理するよう全国の市区町村に通知した。この問題は子供に対する親の責任に深く関わるが、夫婦別姓の問題とは異なる。科学的に証明できない時代に「推定する」ことで安定を図ろうとしたことが、科学によって合理的に「断定する」ことに代わろうとするものだ。それによって寝た子を起こすような揉めごとが増える可能性はあるが、家族として結論に納得するという事例も増えるだろう。

最高裁が、医療や科学技術が未発達だった制定当時について〈規定に合理性があった〉と指摘したうえで、妊娠の有無が科学的に検証できるようになった現在において、晩婚化や再婚件数の増加などを踏まえると、〈百日を超える部分は過剰な制約を課す〉と判断したのは受け入れるべき変化なのだと思う。

◆「法律婚の尊重」と「婚外子の保護」という相反する課題

家族をめぐる法規定で、受け入れられない変化もある。平成二十五年九月、最高裁大法廷は民法九〇〇条四号の但し書き中の〈嫡出《ちゃくしゅつ》でない子の相続分は、嫡出である子の相続分の二分の一〉とするという規定を、憲法一四条一項に定める「法の下の平等」に違反しているとする判断を下した。「人間はみな平等なのだから、嫡出子と非嫡出子とのあいだに『相続差別』があるのはおかしい」という判断は、一見まともなように見える。

しかし、私はこれを認めない立場だ。そんなに簡単に表面的な理念論だけで片づけられては困る。そもそもいまの若い人たちは「嫡出子」と「非嫡出子」の違いを認識していないかもしれない。嫡出子とは〈正妻から出生した子。法律上の婚姻をした夫婦間に出生した子〉のことで、非嫡出子は〈法律上の婚姻関係にない男女の間に生まれた子〉のことである。

民法の規定は、「法律婚の尊重」と「婚外子の保護」の調整を図ったもので、その調整の結果として相続に差をつけたのである。夫婦の財産は夫婦が共同して築き上げたものだ。法律的に認められた夫婦には扶養の義務や相続の権利が生じる。「法律婚」のうちに生まれる子には、そうした保護が保証されている。このとき法律婚の内側に生まれた子とそうではない子を完全に均等に扱ってしまうと、今度は法律婚の意義そのものが薄れてしまう、曖昧になってしまうのだ。夫婦関係の本筋は法律婚にあるのだということを明確にしておかなければ、共同体の秩序が崩れてしまう。

法律婚の尊重と婚外子の保護という二つの相反する課題をどうするか。ここでも原則と例外の問題になってくる。原則を大事にしなければ、例外としての保護もできない。原則を超えて例外を尊重するのであれば、何のための結婚制度なのかということになる。不倫の結果として誕生した子と、婚姻関係のもとに誕生した子とがまったく同等の権利を持つことが、社会制度上公平だといえるのか。

何のために結婚制度があって、何のために妻の座というものがあるのか。婚姻届を一枚の紙切れにすぎないという人たちもいるが、家族の根幹に関わる重みがあると私は思っている。

この紙切れが何を意味するか。同じ時期に重婚はできない。ある時期を（生涯にわたって）特定の人と特別な関係のもとに過ごすことは、けっして人生にとって軽いことではない。それに対して法律的な裏づけはいらないという人は、法律的な裏づけのもとに保護される、援助される権利を拒否すべきだと私は思う。

法律的な裏づけを持つということは、社会的存在として責任を負うということで、それがあって初めて様々な権利も認められるのである。それを窮屈だと感じるのは勝手だが、それなくして人間の社会生活は成り立ってこなかった。

最高裁の「法廷意見要旨」はこう書かれていた。

〈相続制度を定めるにあたっては、それぞれの国の伝統、社会事情、国民感情なども考慮されなければならず、また、その国における婚姻ないし親子関係に対する規律、国民の意識等を離れてこれを定めることはできない。〉

こうした熟慮がなされたかどうか、私は大いに疑問に感じる。夫婦別姓の問題でも述べたが、世界的な趨勢《すうせい》といったものに戦後の日本人は流されすぎているように思える。この意見書にも、〈現在欧米諸国でこのような規定をもつ国はない〉とか、〈国際連合の関連する委員会〉がわが国のこうした規定に〈懸念の表明、法改正の勧告等を繰り返してきた〉という記述があり、それを強く意識したことがうかがえる。

だが、国連が日本人の幸福観に関心があるだろうか。極端に聞こえるかもしれないが、彼らは彼らの価値観を押し付けてきているだけだ。人類普遍の原則や理念が語られるなら、そこに日本人の価値観が反映されてもいいわけだが、それが汲《く》まれることはないに等しい。私からすれば「余計なお世話」である。

◆「原則を変えよ」という主張の背後に何があるか

私は、婚外子の保護はどうでもよいと言っているのではない。大切にするべき原則は何かを問うているのだ。

たとえば、正妻とのあいだではなく他に付き合った女性とのあいだで築いた財産があって、それはその女性とのあいだに生まれた子に残したいと願うのなら、その父親はそうした遺言を残せばよい。そうした個別の実情を勘案することは、これまでの法規定でも可能だったはずだ。あるいは嫡出子よりも非嫡出子のほうが親孝行だから、その子に財産を残したいということもあるだろう。ならば明確に、そう遺言書をつくればよい。個別の事情を汲むことで非嫡出子の保護や救済ができるにもかかわらず、一律に制度によって決めるのは、例外を優先するもので、今度は逆に嫡出子の権利という原則を蔑《ないがし》ろにするものだとも言える。たしかに子供は、嫡出子か非嫡出子かを選んで生まれてくることはできない。

〈子にとっては自ら選択ないし修正する余地のない事柄を理由としてその子に不利益を及ぼすことは許されず、子を個人として尊重し、その権利を保障すべきである〉という最高裁の考え方は正しいように見える。しかし、この結論はやはりおかしいのである。自ら選択の余地のない事情によって不利益を被るのは嫡出子も同じなのだ。その一方だけの不利益の解消をめざすことが、なぜ公平と言えるのか。

ここには法律婚とその内側に生まれてくる子の権利保護という視点が欠けている。そしてその視点はどうでもよいとなったら、家族も社会も成り立たなくなるだろう。

長谷川三千子さんも私と同意見だった。彼女はこう言う。

〈そもそも人間を「個人」としてとらえたとき、(自らの労働によるのではない)親の財産を相続するのが、はたして当然の権利と言えるのでしょうか？　その原理的矛盾にも気付いていない。

ここには、国連のふり回す平等原理主義、「個人」至上主義の前に思考停止に陥った日本の司法の姿を見る思いがします。「法の番人」には本来の「法の賢慮」を

発揮していただきたいものです。〉

（平成二十五年九月十二日付『産経新聞』【正論欄】「憲法判断には『賢慮』が必要だ」）

社会制度やルールというものは、原則があって例外がある。まず守られるべき、大事にされるべきは原則であるはずだ。それを取り違えれば、人間社会はカオス（混沌）に陥ってしまう。弱者保護の視点も、それを踏まえなければならない。

原則は変えずとも、補則や運用で対応できることはたくさんある。非嫡出子の相続問題の背景には、社会事情や国民の意識の変化という流れがあるのはたしかだろう。この二十年近くのあいだに非嫡出子が一・二%から二・一%に増えたという事実（最高裁の法廷意見要旨）があったとしても、原則を変えなければならないほどの変化なのか。

原則を変えようという主張が強くなされるが、その背後には何があるのかを見抜かなければならない。なぜか民法改正を声高《こわだか》に主張する人たちは、憲法改正には反対なのだ。〈不思議なのは「世界に合わせて」という（夫婦）別姓派と、「日本にしかない」

憲法9条を「変えてはならない」と叫ぶ人々が重なる〉（平成二十七年十二月十七日付『産経新聞』大阪夕刊【湊町365】）というコラムは、まさにと思う。

◆〝お節介〟を重ねることで人間は存続してきた

私は、家族の解体をめざすような言説には制約がなく、家族の価値を守ろうとする言説には奇妙な枷《かせ》がかけられていることを、少しでも多くの人に気づいてほしいと思う。そして、それを外していくことを躊躇わないでほしい。

結婚しないの？

子供はつくらないの？

親と同居はしないの？

これらの言葉を禁句としてはいけない。いずれも個人の自由を阻害するという批判はある。けれども、そうした〝お節介〟を重ねることで人間は存続してきたのである。しかも、このお節介は一方的なものではない。「お互いさま」を前提にしているのだ。

私もこれまで「自分の人生は自分で決める」ということを言ってきた。しかし同時に、そこには自分だけではどうにもならない、「サムシング・グレート」があるとも。人が生きるということは、運命や他人との関わりや、様々な不確定な要素のなかで年齢を重ねていくことだ。そのとき「お互いさま」という感覚があれば、誰かを一方的に恨《うら》んだり憎んだりすることもない。自分だけが損しているという被害者意識に囚《とら》われることもない。

結婚しないの？

子供はつくらないの？

親と同居はしないの？

――と声をかけてくれるのは、あなたのことを共同体の仲間として気にかけてくれているからだ。迷惑だと思うのなら、周囲がみなあなたに無関心でいることのほうを望むのか。

もちろん、こんな二分法はすべきではなく、「お互いさま」で「ほどほど」がよい。それを長い歴史のなかで日本人は「常識」としてきたのではなかったか。「セクハラ」

「パワハラ」「マタハラ」というのは、また「家族という病」というのは、みな常識の力の衰退がもたらしたものだと思う。

金沢で某雑誌の女性編集長と一緒に仕事をしたときのこと。その出版社の重役を交えての会食となった。

重役氏が、女性編集長が独身であることを心配して、「彼女に誰かいいヒト、いませんか？」と私に尋ねてきた。私は「素敵な女性だから、必ず出逢いがあります」と答えたのだが、これは彼女に対するセクハラだろうか。重役氏はお節介かもしれないが、けっして彼女にセクハラをしたのではないというのが私の解釈だ。彼女もニコニコして聞いていた。おおらかで、度量のある女性なのだ。

私が周英明と結婚したとき、周は私に何と言ったか。

「ボクは社会的な救済をした」

売れ残りになりそうな女を救ってやったと言わんばかりの顔つきだった。しかし私はそれを笑って、「なに言ってんの」と受け流した。「お互いさま」なのである。周もまた、私でなければ妻は務まらなかったろう。こんな話をなぜ披露《ひろう》するかといえば、過剰反応して相手を攻撃するような心持ちではなく、もっと余裕を持った広い心持ちでいるほうがどれほど楽かということである。

お互いに心遣いはしても偽ったりはしない。過剰に期待もせず、さりとて無関心ではないのだ。

◆家族と生涯を過ごせば「最期は独り」ではない

夫婦、親子、家族、みな一様ではない。衝突があってもいい。余計な波風を立てる必要はないけれど、表面的な取り繕いをするよりもお互いの人生観をぶつけ合い、語り合うことのほうがよほど人生を楽しく有意義にしてくれる。

そして、すべてが自分の思うとおりになることはない。諦めではなく、「サムシング・グレート」を感じれば、人生に不足ばかりを感じることもない。夫婦、親子、家族の縁もそうした関係、運命のなかで結ばれていくものだ。そう思えば、なんと貴重な出逢いなのだろうと思う。家族を重荷と考えるか、大切なものと考えるかは、実はこうした、ちょっとしたモノの受け止め方で変わってくる。

三浦瑠麗《るり》さんという、三十代半ばの女性国際政治学者がいる。彼女は「家族は自分にとって人生の錨《いかり》」だと語る。私はこの言葉に素直に感動した。仕事をしつつ、結婚し、子供をもうけた女性の言葉だ。人生をフルに生きる喜びを、きっと彼女は感じているだろう。

私もこの言葉を少しでも多くの女性に実感してほしいと思う。それは、健康に恵まれた者ならできることなのだ。「個人の自由」とか「家族という病」といった観念の迷路に入り込まず、当たり前に人生を見つめればいいのである。

女性として生まれた人生をフルに生きる。その可能性を自ら閉じることなく、大いに挑んでほしい。私がここに綴ってきたことは、すべてその応援のためだ。

私はこれから先、何年生きられるか、わからない。けれども、女性として生まれた人生を自分なりにフルに生きてきたつもりだ。結婚し、子供を授かり、家族を持って、いま過ごしている。夫には先立たれたが、娘がいて、息子がいて、孫がいて、友がいる。私は、何ものにも代え難い安心感のなかにいる。

「最期」は独りなのは、わかっている。私は、個人としても自立した人生を送ってきたという自負があるが、家族を持ったことがそれに矛盾すると感じたことは一度もない。臨終《りんじゅう》が突然やってきて、そのときは独りかもしれない。けれども、それは外形的に独りなのであって、内面的には独りではない。なぜなら、人生の一幕、二幕、三幕……と過ごしてきて、終幕に至るまで私には家族がいたからだ。「家族という病」を語る人がいてもいい。でも、「家族を持つ幸せ」を噛《か》み締め、それを語る私がいてもいいだろう。

選択は、人それぞれだ。私は家族を持つ選択をした。それは私の覚悟だったし、誰かに押しつけるものでもない。ただ、これだけは繰り返し言っておきたい。

家族をつくらずに生涯を過ごして「おひとりさま」で死ぬとしても、その看取りをしてくれるのは、自分以外の誰かが産み育ててくれた子供なのだ。やがて誰もいなくなった……という未来を描くのか、そうでない未来のために自分の人生を使うのか。

私は、死の瞬間まで後者でありたい。

母娘特別対談

「おひとりさま」はつまらない！
一から十一への物語

〈対談相手〉

周　麻那（しゅう　まな）

一九六五（昭和四十）年、東京都生まれ。慶應義塾大学文学部英米文学科卒業。八九年、TBS入社。以来十六年間、制作局で情報番組やバラエティ番組に携わり、「はなまるマーケット」などを担当。二〇〇五年からメディアビジネス局ライセンス事業部で通販事業、出版事業などを担当。現在、営業局営業開発担当部長。家族は同業の夫と娘二人。

【初出】『別冊正論』第17号《The SEIRON WOMAN「覚悟をもって生きる」》
（平成24年6月刊）

金　あなたが二人目の子供を産むとき、「仕事を辞めたらママに殺されちゃう」と言ったのを覚えている？

周　えっ、そんなこと言った？

金　誰だったかに仕事はどうするのかって訊かれて、あなたはママを引き合いに出して「辞めない」って、子育ても頑張るって言ったのよ。

周　ははあ、思い出した。人生の荒波を乗り越える秘訣はユーモアですからね（笑）。仕事を辞めたらママに殺されちゃうって、とりあえず笑う。笑って、その日一日を乗り越える。

金　あなたのいいところは、そういう前向きな明るさ、素直さなのね。

周　鬼かあちゃんの金さんに育てられたにしては、いまだに素直ってすごいでしょう。ママはずいぶん不条理で不公平だったけれど（笑）、おかげで私は逞しくなりました。

とにかく家の中が厳しかったから、学校で何かトラブルやイヤなことがあっても、休みたいとか行きたくないとか思ったことがなかったのは、学校のほうがずっと楽だったからだし、テレビ局に就職して、理不尽なことの多いAD（アシスタント・ディレクター）という仕事から始めて長続きしているのも、ママが鍛えてくれたからだと思っている。

金　私はそれほど不条理、不公平じゃなかったと思うけどね（笑）。ただ、大人と子供は違うということは、はっきりさせていたわね。

親というのは子供を保護する立場にあります。乳飲み子のときからミルクを与え、おしめを替え、風邪をひかないか、お腹をこわさないかと心配りしながら育て上げる。きちんと保護しなければ命さえも危うい。愛情を注ぎ、様々な負担をしながら、教育を施して成人させる。だからその間、「最終的には私の言うことを聞け」というのが私の子育てのやり方だった。

そもそも子供は未熟で、経験も乏しく、判断力も経済的な能力もない。親が一方的に保護しているのに、なんで子供たちの言うことを聞かなければならないのか。誤解を恐れずに言えば、奇妙な人権観、平等観を親子のあいだに持ち込むのは、それこそ間違いのもとよ。

周　だからわが家では、私たちが就職して完全に自立するまでは、ママが圧倒的に主導権を発揮してた。

金　でも、麻那は中学生のとき、家庭訪問に来た担任の先生に、私がいかにうるさくて厳しくて、自分がいかに〝調教〟されているかを延々と話したわよね。ところが聞いていた先生は、「これだけお母さんの前で言えるならいいんじゃないかって」（笑）。それに今じゃ、「自分は組織の中で散々苦労しているから、人間性では母親を超えた」って言うくらいだし、トラウマにはなっていないと思うよ（笑）。

◈子育ての最終目標

周　ママに鍛えられてよかったのは、「働かざる者食うべからず」を徹底的に叩きこまれたことね。何もしなくてお小遣いをもらえるなんて、あり得なかった。普段の家事は、家族の一員として〝やるのが当たり前〟だったから、年末の大掃除でカーテンや絨毯《じゅうたん》を洗ったり、靴を磨いたりして稼いだものね。

金　基本的にお金は働いた対価として得られるものだからね。その当たり前のことを知らないで大人になるほうが不幸ですよ。

周　でも、さすがにちょっと厳しすぎたとは思わない？

大学受験のときも、国公立大学は全科目試験があるから、私には無理だと思って「共通一次は受けません」と言ったら、「私立は三教科だから合格して当たり前。現役で早稲田か慶應に入らなければ許さない」って。私は気楽に「はーい」なんて返事したけれど、落ちちゃった。

そうしたら、ママは「現役で入る約束だったんだから、あとは一切面倒見ません」。予備校に通うお金もないから、私は必死にバイトして図書館で勉強した。家でパンを食べてたら「居候は耳！」って言われてパンの耳だけかじって……ウルウル。でも水泳のコーチをやってたから、ひと夏で二〇万円以上稼ぐこともできたし、その頃から自分は働くことに向いているなとは思ってた。

金　約束は約束だからね。大学は義務教育じゃない。行きたければ全部自分で稼いで、それができなければ勤めに出ればいいんだから。

周　慶應義塾大学に受かっても鬼かあちゃんは厳しかったなあ。さすがに授業料は払ってくれるだろうと思ったら、甘かった（笑）。結局、入学金も授業料も全部自分でバイトしてまかなったからね。

金　学債は買ったわよ。

周　あまりの苦学生ぶりに友達もびっくりしてたよ。いったい、いつの時代の人だって（笑）。それで「学科分けの試験で英文科に入れば三年生から授業料を払ってやる」と言われたから、そのために必死で勉強した。

金　私は、子供は生まれたときから厳しく育てようと決めていたのよ。子供が自分の足で歩いて外の世界に出ていけるように、自分の翼で飛び立っていけるようにするのが子育ての最終目標であるべきだと今も考えています。だからあなたにも、弟の士甫にも、そういうふうに接した。それから当時、外国人が日本で生きていくためには日本人と同じ能力では就職もままならない状況だったから、周囲に評価され、選ばれるような労働意欲と能力を身につけさせることが必要だった。

周　こっちは小さいから、ママのそんな高邁な目標はわからないもの。でも、われながらよく耐えてたなあ。近所の人によく、「えらいね。まっすぐ育って。よく反抗しないね。よくグレないね」って言われてたし、私も今になって自分と同じ境遇の子が近所にいたら、近所のおばさんとして、「えらいね。まっすぐ育って」と言うだろうな（笑）。

金　あら、時々言ってたじゃない、グレてやるって。

周　就職してからでしょ。そうしたらパパが「あっ、そう。じゃあグレ子ちゃんだね」って、私に「グレ子」ってあだ名をつけた。

金　ジュリエッタ・グレ子（笑）。

周　もう、グレるというのはあくまでネタですからね。やっぱり人生を乗り切るためには笑いが必要だから。中学生の頃からちょっぴり自虐的に振る舞って、そのネタを、たとえばママに叩かれたお尻の痕《あと》を次の日、学校で友達に披露するなんてことを繰り返してた。でも、本当に一度もグレたことない。

金　はい、あなたは素直でした（笑）。父親のＤＮＡのほうが強いんじゃないかな。あなたがまだ幼い頃、一度だけパパにこう言われたことがあるのよ。「たぶん母娘は対立するだろう。もし麻那が反抗してきたら、〝自分だと思え〟」と。私に似れば間違いなく突っ張りなんだから、パパはそれを心配したのね。ところが、あなたはかなり早い時期に抵抗するのを諦めたみたい。

周　ママに逆らってグレるのは、人生の得策じゃないってわかったからね。諦めつづけてきたと思う、ずっとこの年まで（笑）。

金　たしかにちょっと感じたのは、抵抗するのを諦めた瞬間に、キラキラするものがなくなったね。小さい頃はもっとキラキラしてたような気がする。厳しくしたのも善し悪しだったかもしれない。

周　そう、あたら才能を潰したよ（笑）。

金　あたら才能を潰した、このくだりはちゃんと誌面に残してもらおうね（笑）。

◆鬼と仏のはざまで

周　でもまあ、私がグレなかったのは、ママとパパがとっても仲良かったからじゃないかな。

金　あなたはパパが大好きだったね。

周　ママも大好きだから。

金　いいよ、フォローしなくても（笑）。私とパパはお互いに子供の愛情を奪い合うようなことは一切しなかった。子供が父親を大好きというのは、私にとってもものすごく嬉しいことだった。両親が競って子供の愛情を得ようとすると、嫌われたり憎まれたりしたくないから、結果的に子供に与えるだけ、甘やかすだけになって、ろくな躾もできない。私があなたたちに厳しく接することができたのは、パパの理解があったからです。

周　パパとママは仲が良かったというより、「わが妻は世界一素晴らしい」と照れずに公言するほど一方的にパパがママを好きだった。それで普段は、我儘三昧《わがままざんまい》の妻に尽くす夫に見えたけれど、ママも根底の部分でパパを深く尊敬していたね。それは子供心にもわかったよ。私や士甫としては、両親のこの組み合わせがよかったんだと思う。ママが突き放すぶん、パパは子煩悩《こぼんのう》を絵に描いたような、本当に子供が好きで好きでたまらないという愛情に溢れてた。高校生になってからも、部活の大会に友達の父兄は誰も来てないのに、わがパパは一人で応援に来てくれた。恥ずかしいからやめてって言ってもどこ吹く風で、結局、私のほうが抗《あらが》えなかった。

金　パパは象牙《ぞうげ》の塔《とう》の人で、世俗的な生活能力はゼロだったけれど、何事も丁寧に説明する緻密《ちみつ》さと粘り強さ、他人に対する辛抱強さを持ったやさしい人だった。教育者にピッタリだったね。あなたが言うように、わが家はパパがいたからバランスがとれたと思う。そういえば、「ママのやり方は、私たちだから奇跡的にうまくいったのよ。この方法で他の子供も全部うまくいくと思ったら大間違いだから」とあなたたちに言われたことがあったね。

周　ママは「鬼か悪魔か金さんか」で、パパは「神か仏か周さんか」だからね。でも、両親が仲がいいというのは無意識にも子供に大きく影響するものだと改めて思うよ。私は幼い頃からどんな仕事をしたいのかじゃなくて、早く結婚して子供を産んで育てたいと、そればっかり思ってたものね。小学生のときにはもう自分の子供の名前を考えてたし、高校生の頃はママが持っていた雑誌の中から「幼稚園のお弁当特集」

みたいな記事を切り抜いてスクラップしてた。大学生になって一人でアメリカ旅行したときも、とっても可愛いタオルを見つけて、将来の自分の赤ちゃんのためにと買ってきた。思い返せばそれぐらい、ずっと、それしか考えてなかったなあ。

金　麻那のＤＮＡは父親似だから、結婚して家庭を持つことに何の疑いもなかったみたいね。

あなたが年頃になってから、結婚について私たちとこんなやりとりをしたことがあったのを覚えている？

「最終的には結婚するのはあなただから、私たちが強く反対した場合でも、結婚したいというならばそれはあなたたちの自由よ。でも、親として〝この相手ではマズイ〟と思ったら、反対する権利を行使するからね」

するとあなたは、「パパやママが反対する相手とは結婚しない」と言った。理由を訊くと、「パパとママは、私が好きになった相手に対して理不尽な反対は絶対にしないから。パパとママが反対だと言うのなら、きっとその人には、私が気づかない決定的な欠点、問題があるんだと思う。だからパパとママが〝反対〟と言ったときには結婚しないよ」と。

このとき私は、あなたはもう大丈夫だと思った。親から見ると、あなたはお人よしの尽くすタイプだから、それで苦労するかなという心配はあったんだけれど、これを聞いたとき、ああ、この子は大丈夫。きちんと一人で判断し、生きていけると感じた。それで、あなたは今のムコ殿と一緒になって早十八年、子供二人を産み育てつつ仕事も頑張っている。

周 ホント、記憶がないくらい走りまくってきた感じ。それに家庭と仕事って比べるものじゃないでしょう。どっちも大事だし、強いて言えば、仕事は辞めようと思えばいつでも辞められるけれど、家庭はそうはいかない。今も仕事を辞めないのは、さっき言ったようにママに殺されるからだけれど（笑）。

金 それはギャグですけど、たしかに結婚のときにも、最初の出産の際にも、「仕事を続けなさい」と言ってきたわね。麻那にどれほどの影響を与えたかわからないけれど、私は「結婚したら女性は仕事を辞めたほうがいい」と一方的には考えない。

私自身、あなたと士甫を産んだ前後も大学院で研究を続けていたし、その後、イギリスに留学もした。もちろん、パパの協力があってのことだけれど、自分たちの子育て体験を通しても、女性は家事に専念すべきだという考え方には無条件で賛成するわけにはいかない。たとえ夫婦二人で他に頼るものがなかったとしても、力を合わせれば何とか乗り越えられるものだという確信があります。できない理由ばかりを探すのではなく、できるために努力する。この姿勢を麻那には持ってほしかった。

◆男女の「一人前」の意味

周　忘れちゃってたけれど、最初の妊娠の六カ月と七カ月の二カ月間は、八週間一日も休まなかったんだよね。大きなお腹で夜中の三時、四時にタクシーで帰宅してた。

金　常にしっかり働いていれば、いざ産休を取るときにみんなが喜んで頷いてくれるだろう、祝福して送り出してくれるだろう、そういうふうに自分は頑張りたいって言ってたね。働く女性は、しかも結婚して母親にもなりたいと思う女性はかくあるべき。それぐらいの覚悟でやってほしいと私は思っていたから、わが娘ながらエライなと思った。それはママ、絶対忘れない。

周　わーい、鬼に褒められた（笑）。基本的に結婚はハッピーなことだし、子供が生まれるのもハッピーで、プラスオンして大変になるのは当たり前だと思う。だから、いくらしんどくても別に不幸に向かっているわけじゃないんだから、暗い顔するのはヘンなんだよね。

金　女性には産む生理があって、それは男にはない。だから家庭に入って家庭を守り、子供を産み育てることをきちんとしている女性は人間として一人前です。先に、家事に専念することに無条件には賛成しないと言ったけれど、産み育てることに努める女性は、外に出て働かなければならないというものではない。その選択ができるのは女性の「特権」で、これは手離してはいけない。

周　つまりママの考え方は、男は外に出ていって餌《えさ》を獲《と》って帰ってくる。これができて一人前。女は家庭を守り子供を産んで育てる。これも一人前で、「産む」という生理を持つ女性の特権、というわけでしょう。

金　そう。問題は、巣をつくって子供を産み育てた後の人生をどうするかで、平均寿命が伸びた今日の女性はそれを考える必要がある。私は女性には様々な段階論があっていいと思う。しゃかりきに仕事ばかりする必要もないし、また家庭に引きこもってばかりいる必要もない。ある意味、男性よりも多様に人生を考えられるのが女性で、今はそれに知恵を働かせる時代なのだと思うのね。

古今東西、世の中がどう変わろうと、人間には男と女しかいない。男がいて女はしあわせ、女がいて男はしあわせなんですよ。たった二種類しかいないのに、どうして仲良くできないのか。仲良く一緒になって子をなし、仕事もすればいい。要はシンプルな話なんだけれど……。

昔、『TVタックル』（テレビ朝日系）で田嶋陽子さんと少子化問題で激論したことがある。「なぜ産まないのか」という産まない側の考えは大きく取り上げられるのに、「なぜ産んだのか」という側は取り上げられない。それがおかしいと思っていた私は、「子供を産んだ者」としてその意義について話した。多くの女性が結婚し、子供をもうけ、家庭を築いている。そうした人生を歩む者の意見を代表して何か言わなければと思ったのね。

　来日したときのボーヴォワールの講演録を読んだことがあって、彼女が大変な知識人であることはわかったけれど、同時に、彼女は自由な生活を選んだ結果、大多数の女性の置かれている苦悩が全然わかっていないということもわかった。彼女は女性の側から『第二の性』を書いたけれど、彼女の経験、蓄積からは、普通の人の日常を踏まえた本当の意味での女性の代表にはなれないと思い、そんな指摘をしたわけ。

　すると田嶋さんは「想像力があるだろう」と言う。殺人を経験しなければ殺人について語ってはいけないのか、という難詰をしてきたのね。私が、「文学を専攻したから、平均的な人よりは想像力があると思うけれど、同時に想像力の限界も承知しているつもり」と切り返すと、「仕事を持つ女が子供を産み育てることの大変さがわかるのか」と喚きはじめた。私は、「あなたの百倍知っている。夫の身の回りの世話をし、二人の子供を育て、かつ仕事を持っている。その大変さを承知で産むことの大切さを語っているつもりだ」と。

　まあ、こんなやりとりをしたのも、私の〝突っ張り〟の中にはある種のロジックがあるからだけれど……。だから、子供を産み育てるのが人間として一人前ならば「一人前やろう」と自分に言い聞かせてやってきた。性分だね（笑）。私には自分のやりたいことを中途半端に捨てるという選択はなかった。周英明とだったらそれを放棄せずに結婚生活をまっとうできるかなという気がした。一世一代の覚悟みたいなものがあって、周もそれを理解してくれた。だから、たしかに努力とは別に、そういう相手に出逢えるかどうかという縁や運という要素も否定できないけれど、初めからマイナスばかりを考えて「私にはできない」と決め込む必要もない。

周　私はママみたいに理屈で考えたことないから。結婚でも出産でも「大変なのは当たり前」という楽観的な気持ちでいいと思うし、そんなに難しく考える必要は全然ないと思ってる。私、「若気《わかげ》の至り」という言葉がとても好きで、かりによく考えないまま結婚しちゃって、子供が生まれてヒーヒー言って大変だとしても、その大変さの中で得られる喜びやしあわせは必ずあると思うのね。

でも今は、そんな若気の至りがない。みんなよくお勉強してキャリアも積んで、頭がいいから先が見えてしまって、結婚や出産・子育ては損だと考えるようになった。

昔なら、子供が増えれば増えるほどその家は豊かに栄えていったはずでしょう。それが今は損得でいったら独身でいるほうが可処分所得も自由だし、こういう言い方はあまりしたくないけど、結婚して子供を産んで育てても経済的には負担が増すだけという社会だから……。

金　たしかにお上《かみ》は、口を開けば「少子化対策」「子育て支援」などと家族政策の充実を唱えながら、税制一つ見ても、実際には家族をバラバラにするような方向に流れている。私も、たとえば共働き家庭には、保育園にかかる費用を必要経費として認めるぐらいのことができないのかと思いますよ。

◈最高の贅沢

周　政治は税の負担と福祉の給付バランスを本当に考えてほしいけれど、まあそれ以前に、やっぱり若者はいろいろ考えすぎず、もっとバーンって飛び込んでいくほうが、「やっちゃおうかな」というぐらいの感じのほうが、意外に楽しいことが結果的には多いんじゃないかな。

金　若者に薦《すす》めるわけじゃないけれど、たしかにそういう時期があってもいい。とくに今は仕切り直しができる時代だから、若気の至りで「これはまずかったな。しまったな」ということがあっても、やり直しができる。デメリットを先に考えて何もしないのがいちばんもったいないと思うよ。

それから、私はあなたの努力を垣間見ているから、楽観といっても、努力に裏打ちされた楽観でなければダメだということも言っておきたい。あなたのいいところは、子育てなら保育園やベビーシッターさんの援けを借りながらも、自分のできることを手抜きしなかったこと。たとえば、いくら深夜遅くの帰宅になっても、翌日の食事の下ごしらえをしてからでないと休まなかったたね。

それから子供たちにベビーシッターさんを「○○先生」と呼ばせたこと。大人に敬意を表するのはわが家の伝統だし、ベビーシッターさんを単なる雇い人として、親がまるで目下の者に接するような態度をとったら、けっしていい結果を生まない。血縁があろうがなかろうが、大人が子供の面倒をみるということは、日々の約束事や生活上の細々したことについて、子供を躾けるということだから、大人に対し子供が敬意を持つようにすることが躾のカギです。
もう一つは、ムコ殿を子供たちの前でけっして悪く言わないこと。いくら仕事が忙しくて子供と接する時間が少なくても、あなたは子供たちがパパを好きでいるようにちゃんと仕向けてきた。私もあなたたちの前で周先生の悪口を言ったことはないけれど、母親が子供の前で父親の悪口を言わないというのはとても大事なことです。

周　睡眠学習しているからね（笑）。夫が帰って来ない夜、子供たちに「あなたたちのためにお父さんは夜遅くまで働いているんだよ、エライね」ってささやく。
共働きで、結婚前に育児と家事は半々と決めていても、たいていは育児も家事も九割は母親がすることになる。こっちのほうが割に合わないから、私はホントはムッとしているんだけれど（笑）、そのまま面《おもて》には出さない。たまに親子四人揃ったときに、「お父さんが毎日毎日お家に帰れないのは、みんなのためにすごくお仕事してるからなのよ」と言うと、子供はまだ小さいから嫌味だってわからなくて、「うわっ」と感激するし、夫には私の本音が垣間見えるという一石二鳥の効果がある（笑）。でも悪口は絶対言わない。それは今まで一度もない。

金　母親が子供に父親の悪口を言うぐらい愚かなことはないからね。

周　フフ。娘であっても尊敬できるでしょう。

金　尊敬はしてません（笑）。してないけれど、働いて結婚して子供を育てるという、人間としての責任をしっかり果たしているので、許します。

周　許すって、何を許してもらうの？

金　アカデミックな面でのこと。周先生と私の子なんだからね（笑）、もうちょっと知的な好奇心を持って……、その方向での活躍を期待してたからね。

周　どうしちゃったのかな、周先生のＤＮＡ？　消滅しちゃったんだね。でもいいじゃない、これだけ働き者になったんだから（笑）。ママの「許す」っていう言葉は、ひねくれた愛情だと受け止めておくよ。

金　まあ、許します（笑）。人生を振り返ってみると、私は一人で日本にやってきた。その日本で、同じ台湾からの留学生だった周と結婚して二人になった。あなたと士甫が生まれて四人になり、成長したあなたたちがそれぞれ結婚して家族は六人になり、やがて孫が生まれて十一人になった。一から十一倍になった。周が亡くなって十人になったけれど、あなたにこう言われたことがあったね。

「ママ、今の世の中はね、孫を持つのが最高の贅沢なのよ。ママは五人もいるんだから、とっても贅沢なのよ」

たしかにそうだわね。途中経過はいろいろあるかもしれないけれど、家族を持つということはとてもしあわせなことだと思いますよ。

周　私も同じ思いだよ。ママやパパだけじゃなくて、結婚して夫の両親とも親子になったわけだけれど、子供が生まれてから思ったのは、自分のかけがえのない子供を、同じようにかけがえがないと思ってくれる夫の両親も、本当にありがたい存在だということ。優等生だな、私も言うことが（笑）。

おわりに

今から二年前、わが八十歳の誕生日に、お祝いカードに「めざせ、ひ孫」と書いたのは、当時は十六歳の孫娘。

今春、彼女は大学受験で、結果は今のところ何もわからない。それでも、プロセスも大切なので、とりあえず、頑張っている姿にエールを送っている。だから「ひ孫」を抱かせてくれるとしたら、まずは彼女に期待しなければならない。

私は、本人にも当時、こう伝えた。

「自分で宣言したからには、責任があるわよ」

彼女は「ハイ」と素直に返事をしたものの、いったいどれほどわかって言っているのか。何しろ、ノー天気で明るいのはよいのだが、少々「天然」なのだ。

五人の孫は、おのおの個性が違って面白い。子育ての苦労は娘夫婦や息子夫婦がするから、私は、ただ楽しんでいる。

あらためて思う。

家族は実に素晴らしい。

そして、これほど人生に効くクスリはない。

二〇一六年二月四日　立春

金　美齢

〈著者略歴〉

金　美齢（きん　びれい）

1934年、台湾生まれ。1959年に留学生として来日、早稲田大学第一文学部英文学科に入学。同大学院文学研究科博士課程単位修了。その後、イギリス・ケンブリッジ大学客員研究員、早稲田大学文学部講師などを経て、JET日本語学校校長を務める。現在、同校名誉理事長。評論家。台湾独立を願い、日台の親善にも努め、政治、教育、社会問題等でも積極的に発言。テレビ討論番組の論客としても知られる。著書に、『日本ほど格差のない国はありません！』『私は、なぜ日本国民となったのか』『美しく齢《とし》を重ねる』（以上、ワック）、『この世の偽善（共著）』『この世の欺瞞《ぎまん》（共著）』（以上、PHP研究所）、『凛《りん》とした日本人』『凛《りん》とした生き方』『夫への詫び状』『凛《りん》とした子育て』（以上、PHP文庫）など。

家族という名のクスリ

2016年3月18日　第1版第1刷発行

著　者　金　美齢
発行者　小林成彦
発行所　株式会社PHP研究所
東京本部　〒135-8137　江東区豊洲5-6-52
学芸出版部　☎03-3520-9618（編集）
普及一部　☎03-3520-9630（販売）
京都本部　〒601-8411　京都市南区西九条北ノ内町11
PHP INTERFACE　http://www.php.co.jp/
組　版　有限会社エヴリ・シンク
印刷所　株式会社精興社
製本所　株式会社大進堂

ISBN978-4-569-82797-1